무비 스님의
천수경

무비 스님의

천
수
경

조계종
출판사

불교의 핵심은 바로 자기 자신이 부처임을 깨닫는 일이며, 그것을 믿는 것이다.
여기서 부처란 바로 진리 그 자체를 발견하는 일이다.

책을 펴내며

우리나라 불자들에게 가장 많이 읽히는 경전은 『천수경』과 『반야심경』이다. 불교의 모든 의식을 행하는 데 있어서 이 두 경전을 독송하지 않으면 의식이 행해지지 않을 만큼 중요한 경전으로 숭상되고 있다. 그리고 우리 불자들의 마음 속에 한 분씩 모시고 살아가는 관세음보살에 대한 신앙도 『법화경』, 『능엄경』과 아울러 『천수경』과 『반야심경』의 영향이라고 할 수 있다.

『관음예문』에서는 우리들의 관음신앙을 이렇게 대변하고 있다.

지심정례공양

메아리 응답하듯
부르는 소리 낱낱이 찾아
고통 구해 주시고
천강에 밝은 달 비치듯
소원 발하는 이마다
큰 안락 주시는 이여

가없는 중생의 아픔
끝없는 중생의 소원
얼마나 애달팠으면
천의 손이 되셨을까
얼마나 사랑하였기에
천의 눈을 하셨을까

한 중생에 팔만의 병고요
한 중생에 팔만의 번뇌인데
항하사 중생의 고통

모두 씻어 주시는
관세음 관세음
원하옵나니 자비시여
이 도량에도 밝아오사
저희들의 작은 공양을 받아 주소서

이와 같이 『천수경』 또는 '천수천안'이라는 말의 뜻을 잘 표현하고 있다. 관음신앙 또는 『천수경』의 마음은 이와 같은 것이다.

이번에 조계종출판사에서 『천수경』 강의 개정판을 내어 우리 불자들이 『천수경』을 바르게 이해하고 독송함으로써 신앙심을 더욱 고취시키고, 넓디넓은 불교의 가르침의 바다에 한 걸음 다가갔으면 하는 바람이다.

이번 출판에 뜻을 함께한 모든 분들의 노고에 감사하며, 부디 널리 보급되고 읽혀져서 다 함께 성불하시기를 기원하는 바이다.

2005년 가을 금정산 범어사 서지전에서 여천 무비

차례

천수경 강의

천수경의
위치와 사상

『천수경』의 위치

한국불교의 밀교적 요소

한국불교의 특징은 한마디로 말해서 대승불교, 혹은 선불교라고 합니다. 가장 바람직한 불교, 가장 발달된 불교로 꽃을 피웠던 대승불교가 선불교와 함께 중국을 거쳐 한국으로 전해지면서 그 두 가지가 합쳐져 있는 양상이 바로 한국불교입니다. 그래서 흔히 한국불교는 모든 불교적 내용을 전부 지니고 있다고 해서 통불교라고 말하기도 합니다. 다시 말해서 한국불교는 소승불교, 대승불교, 선불교 등 여러 가지 불교적 특성을 골고루 빠짐없이 갖추고 있다고 할 수 있습니다.

그 하나의 예로서 한국불교에서 선불교는 굉장히 중요하게 취급되고 있습니다. 절에서는 흔히 법문에 들어가기 전에 입정入定이라고 하여 참선에 해당하는 고요한 시간을 갖습니다. 또 전문적으로 참선 공부에 열중하는 경우도 많습니다. 이처럼 참선이라고 하는 것은 한국불교에서 빼놓을 수 없는 한 부분이 되었습니다. 참선이란 마음의 안정을 도모하는 것이며, 마음의 안정이 깊어지면 그것은 곧 삼매로 이어집니다. 그 삼매를 통해 바람직한 지혜가 생긴다고 하여 불교에서 말하는 계戒·정定·혜慧 삼학三學 가운데서도 정은 그 중심에 놓여 있습니다. 정에 해당하는 부분이 바로 참선인데 한국불교는 그 부분을 아주 중요하게 여기며 특별히 강조하고 있습니다.

한국불교의 또다른 일면으로 대승불교를 꼽을 수 있습니다. 특히 후기 대승불교는 그 안에 밀교적 색채를 갖고 있는 것을 특징으로 들 수 있는데 그만큼 대승경전 속에서는 밀교적 요소를 쉽게 발견할 수 있습니다. 우리가 지금부터 공부하려고 하는『천수경』도 다분히 밀교적 요소를 갖추고 있기 때문에 밀교경전이라고 해도 틀린 말이 아닙니다.

흔히 대승경전의 대표적 경의 하나로 꼽을 수 있고, 우리가 너무도 잘 외우고 있는『반야심경』도 따지고 보면 그 속에 밀교적 색채가 담겨 있습니다.『반야심경』은 연기緣起의 기본이 되는 공사상空思想을 이야기하고 있는데, 그 마지막 부분에는 '아제 아제 바라아제 바라승아제 모지사바하'라는 진언이 들어 있습니다. 이 진언이 바로 밀교에 해당하는 부분입니다.

대승불교의 최고봉이라 일컬어지며, 부처님의 모든 진리를 하나도 남김없이 이야기하고 있는『화엄경』에서 선재동자가 53선지식을 친견하는 과정을 살펴보아도 그 안에 밀교적 내용이 있음을 확인할 수 있습니다. 또한 승가대학에서 스님들이 정시과목으로 공부하는『능엄경』에도 '능엄주'라고 하는 진언이 상당히 많은 양을 차지하고 있습니다. 그것 또한 밀교적 색채의 한 부분에 해당합니다. 이 '능엄주'는 오로지 참선에만 전념하는 선방에서도 독송하여 참선생활의 일부로 삼고 있습니다. '능엄주'를 외우는 일 자체는 선보다는 밀교의 색채를 띤 부분에 해당합니다.

이러한 사실에서 살펴볼 때 한국불교 안에서 행해지고 있는 모든 신행 활동의 상당히 많은 부분은 밀교적 요소가 깔려 있음을 알 수 있습니다.

흔히 사찰에서 낙성식이나 상량식을 할 때도『천수경』속의 다라니를 적어서 걸어 놓곤 합니다. 여기에는 도량을 옹호하고 청정하게 하는 의미가 있습니다. 또 불자들 중에는 정초가 되면 '옴 마니 반메훔'이란 진언을 몸에 지니거나 집 안에 붙이는 경우가 있는데, 이것 또한 밀교적 분위기를 바탕으로 하는 신앙생활에 해당합니다.

이처럼 한국불교 안에는 참선이 중요한 위치를 차지하고 있지만 일상적인 신앙생활 속에는 밀교적 색채도 상당히 뿌리 깊게 스며 있음을 알 수 있습니다.

비밀스러운 한 부분으로 남겨두기

그러면 대승경전 속에는 왜 밀교적인 부분이 필요했을까요?

부처님께서는『반야심경』에서 공空에 대한 도리를 모두 밝혔습니다. 그리고는 그 마지막에 '아제 아제 바라아제 바라승아제 모지사바하'라고 하는 우리가 알아듣지 못하는 진언으로 결론을 맺고 있음을 볼 수 있습니다. 그것은 공의 철학을 다 설명했지만 그래도 어디엔가 감추는 것이 필요하다고 생각했기 때문입니다. 알고 보면 별것도 아니지만 말하자면 모두 다 드러내 놓으면 재미가 없기 때문에 오히려 감추어 놓았던 것입니다. 그것은 아마 인간이면 누구나 가질 수 있는 일반적인 심리에서 출발한 게 아닐까 생각합니다.

예를 들어 선사 스님들도 상당히 긴 시간 동안 법문을 하시고는 주장자를 높이 들어 한 번 치면서 "이 도리를 알겠는가"라든지 "할喝"이라고 하여 기어이 알 수 없는 부분을 남겨 놓습니다.

이처럼 법문 구색에 맞게 제대로 해 놓고는 주장자를 내리치거나 들어 보이면서 그 뜻을 감춥니다. 사실 그 뜻이 우리가 모를 이치가 아닌데도 불구하고 비밀스럽게 어떤 한 부분을 남겨 놓는 것인데, 그것이 일반적인 원리인 것처럼 보입니다. 엄밀히 말하면 그것이 진짜 원리인지도 모릅니다.

밀교라고 하는 것은 대승불교의 마지막 꽃을 피운 한 부분입니다. 부처님께서는 『법화경』에서 모든 설법을 남김없이 다 마치신 후에 그것이 모두 방편이었다고 하셨습니다. 모든 것이 방편이었다고 선언하시면서도 끝에 가서는 결국 알지 못하는 진언다라니을 남겨 놓았던 것입니다. 그것이 바로 밀교의 흔적입니다. 그 숨겨 놓은 비밀스러운 한 부분을 해석해 보아도 본문과 크게 다르거나 어려운 것은 아닙니다.

한 가지 예로 요즈음에는 『반야심경』의 '아제 아제 바라아제 바라승아제 모지사바하'라는 진언은 웬만한 책에는 모두 해석해 놓았습니다. 그리고 알고 보면 별로 어려운 뜻도 아니어서 많은 사람들이 그 내용을 알고 있습니다.

그런데 마치 우리의 인체에도 반드시 그래야만 할 이유가 있는 것도 아니면서, 굳이 드러내지 않고 감춰 두는 부분이 있는 것과 같습니다. 인간의 마음이 본래 그렇게 되어 있기 때문입니다. 선사 스님께서 법문을 마치고 주장자를 높이 드는 것이나 대승불교의 마지막 꽃인 밀교적인 현상도 결국은 그러한 원리에 입각한 것으로 이해할 수 있습니다.

뜻을 알고 보면 그렇게 깊은 뜻도 아니고 몰라야 할 것도 아닙니다. 우리가 『천수경』에 나오는 다라니를 위시해서 『반야심경』에서 보이는 진언이나 『능엄경』의 '능엄주' 등에서 보듯이 진언의 그 뜻을 해석해 놓고 보면 알아서는 안 될 그러한 것은 결코 아닌 것입니다.

이제는 불자들도 이런 점에 눈을 떠야 합니다. 요즈음은 모든 것이 알려지는 세상입니다. 따지고 보면 비밀이라고 하는 것은 아무것도 없습니다. 그래서 평생 그 뜻을 모르고 외워온 진언들도 이제는 그 내용을 밝혀내고 있습니다.

잘 알다시피 『천수경』 속에는 '진언' 혹은 '다라니'라고 하는 것이 상당 부분을 차지하고 있습니다. 『천수경』의 심장이라고 할 수 있는 〈신묘장구대다라니〉의 뜻도 요즈음에는 법회 등에서 해석되어지고 있는 실정입니다. 우리가 지금까지 비밀스럽게 여겨

왔던 다라니를 해석함으로써 그 뜻을 이해하게 되고, 그래서 신심이 더욱 돈독해지는 계기가 될 수 있을 것입니다.

한 예로 언제부터인가 사찰에서 제사를 지낸다거나 의식을 행할 때 우리말로 해석된 의식문을 같이 읽으면서 의식을 집행할 때가 많아졌습니다. 뜻을 알고 행하면 마음과 정성이 거기에 담기게 되어 훨씬 더 집중이 잘 된다고 합니다.

그런 의미에서 『천수경』의 뜻을 풀이해서 이해하는 일은 신앙심을 더욱 고취시킬 수 있는 계기가 될 것입니다.

제일 중요한 경전 『천수경』

부처님께서 말씀하신 내용을 집대성한 것을 팔만대장경이라고 말합니다. 팔만대장경을 책으로 만들면 그 부피가 엄청난 양이 될 것입니다. 불자라면 누구나 부처님의 가르침을 믿고 따라야 합니다. 그 믿음의 대상은 바로 불佛·법法·승僧 삼보三寶입니다.

불·법·승 삼보 중에서도 특히 법보에 대한 이해가 무엇보다도 중요합니다. 법보라고 하는 것은 일차적으로는 부처님의 가르침입니다. 부처님의 가르침이 글로 승화되어 남겨진 것이 팔만대장경이라고 불리는 경전입니다. 『천수경』은 팔만대장경 중의 아주 작은 부분에 불과합니다. 하지만 불자라면 누구나 다 지니고 있고 누구나 다 외우고 있는 경전이 바로 『천수경』입니다.

그렇게 많이 읽히는 것으로 볼 때 보면 『천수경』은 팔만대장경 속에서 제일 중요한 경전이라고 해도 가히 틀리지 않을 것입니다. 또 『천수경』은 불자들 사이에서 가장 일반화되어 있으며, 그래서 가장 인기 있는 경전으로 통하고 있습니다. 요즈음은 다양한 불교서적이 많이 나오고 있지만 10여 년 전만 해도 불교서점을 운영하는 사람들 대부분이 『천수경』을 판매해서 유지했다는 이야기도 있습니다.

이처럼 『천수경』은 어떤 의식에서든지 맨 먼저 독송하는 경전이기 때문에 두말 할 것도 없이 팔만대장경 중에서도 가장 인기 있는 경전이고, 제일 많이 읽히는 경전이라는 결론에 도달할 수 있습니다.

결론적으로 말해 『천수경』은 대승불교를 수용하고 있는 한국불교에서 불자들의 신앙을 이끌어가는 중요한 경전이라고 말할 수 있습니다. 한국 사람이 제일 많이 먹는 것이 밥과 국이듯 『천수경』은 우리의 식탁에서 매일 대하는 밥이나 국과도 같은 존재입니다. 그처럼 『천수경』은 우리 마음에, 신앙에, 정신에 밥과 국처럼 스며 있는 것이 아닐까 하는 생각을 해봅니다. 왜냐하면 『천수경』은 기쁠 때나 슬플 때나 항상 대하게 되는 경전이기 때문입니다. 『천수경』은 그처럼 우리의 일상생활에서 중요한 위치를 차지하고 있으며, 또 그만한 가치가 있는 경전입니다.

우리가 언제 어디에서나 『천수경』을 외우는 것은 『천수경』 속에는 어떤 부정한 것이나 꺼림칙한 것들이 모두 청소가 되어 청정해지는 위신력이 있기 때문입니다.

『천수경』은 교리적인 면보다는 신앙적인 색채가 짙은 경전에 속합니다. 오랜 세월 동안 불교신앙의 근간이 되어 온 『천수경』을 해석한다는 것이 쉬운 일은 아니지만, 그로 인해 우리의 신심이 더욱 향상된다면 그것은 큰 보람이 아닐 수 없습니다. 지식을 습득하기 위해서가 아니라 이런 기회를 통해 자신의 마음을 닦고 실천하는 계기로 삼기 위해서라면 『천수경』 해석은 더욱 중요한 일일 것입니다.

주리반특가의 교훈

부처님 당시의 제자들은 부처님께서 좋은 말씀을 하시면 그것을 하루 종일 외우고 실천하였습니다. 평생 그렇게 살았던 제자 한 사람을 소개하겠습니다.

부처님 당시에 주리반특가라는 제자가 있었습니다. 그는 불교 역사 속에서 가장 머리가 둔한 제자로 유명합니다. 부처님 제자 중에서 아난존자는 머리가 좋기로 유명한 데 반해 주리반특가는 가장 머리가 둔했습니다. 두 마디 말 중에서 앞의 말을 가르쳐 주면 뒤의 말을 잊어버리고, 뒤의 말을 가르쳐 주면 앞의 말을 잊어버릴 정도였습니다. 그래서 사람들로부터 바보라고 손가락질을 당했습니다.

부처님께서는 어떻게 하면 그를 제도할 수 있을까 궁리한 끝에 그에게 빗자루를 주면서 '먼지를 털고 때를 닦자'라는 말을 일러 주셨습니다. 하지만 그는 그것조차 곧 잊어버렸고 부처님께서는 그럴 때마다 수없이 반복하여 가르쳐 주셨습니다.

피나는 노력 끝에 그는 겨우 이 두 마디 말을 외웠습니다. 그는 매일 마당을 열심히 쓸면서 그 말을 외우고 또 외운 끝에 어느 날 문득 그 뜻을 알게 되었습니다. 먼지란 무엇인가, 또 때란 무엇인가를 곰곰이 생각한 끝에 먼지와 때라는 것은 결국 우리들의 탐貪·진瞋·치癡 삼독三毒과 온갖 번뇌란 사실을 깨달은 것입니다. 그래서 그는 한순간에 마음이 열려 버렸습니다.

당시에는 비구가 비구니 처소에 가서 법문을 하게 되었는데 주리반특가의 순서가 되자 부처님께서는 그에게 가도록 명했습니다. 왜냐하면 그가 '먼지를 털고 때를 닦자'라는 이치를 깨달았기 때문입니다. 하지만 주리반특가가 법문을 하러 온다는 소문이 퍼지자 사람들은 바보가 어떻게 법문을 하느냐고 수군거리기 시작했습니다. 그는 아랑곳하지 않고 자기가 깨달은 내용에 대해 빠짐없이 법문을 하였습니다. 놀랍게도 모두들 다른 어느 스님의 법문보다 더 깊은 감명을 받았습니다. 후에 그는 많은 사람들로부터 존경과 함께 훌륭한 도인이라는 칭송까지 얻게 되었습니다.

이처럼 반드시 길고 많은 이야기가 있어야만 좋은 것이 아니라 비록 짧은 글 하나라도 제대로 이해하고 깨닫는다면 그것보다 더 훌륭하고 값진 것은 없습니다. 우리가 경전을 대할 때는 모름지기 경외하고 높이 받들며 신비하게 여기는 마음가짐이 필요합니다. 말하자면 평생을 읽어도 못 다 읽는 것이라는 생각으로 경전을 대할 때, 그것이 우리에게 주는 이익 또한 큰 것입니다.

『천수경』의 사상

관세음보살의 무한한 자비심을 본받아야

　『천수경』의 본래 이름은 『천수천안관자재보살광대원만무애대비심대다라니경』인데 이것을 줄여서 그냥 『천수경』이라고 부릅니다. 경의 이름에서 볼 수 있듯이 『천수경』은 관세음보살의 사상을 담고 있습니다. 다시 말해서 『천수경』의 주인공은 관세음보살이며, 그 내용은 관세음보살의 자비사상을 담고 있습니다.

　관세음보살은 천 개의 손과 천 개의 눈을 가지고 있습니다. 왜냐하면 관세음보살은 자비심으로 중생들을 어루만져 주시고, 감싸 주시고, 보살펴 주시고, 이끌어 주시기 때문에 천 개의 손과 눈이 필요한 것입니다. 어찌 천 개의 손과 눈뿐이겠습니까? 천만억의 손과 눈으로도 오히려 부족할 것입니다. 결국 천 개의 손과 눈은 관세음보살의 무한한 자비심의 한 표현에 불과합니다.

또한 관세음보살은 세상의 온갖 소리를 굽어 관찰하시며 그 소리를 헤아려 주십니다.

어떤 의미에서 볼 때 우리 인간에게 고통이 있고 문제가 있는 것은 참으로 다행한 일인지도 모릅니다. 그러한 어려움과 문제를 통해서 인류의 위대한 스승인 부처님이나 관세음보살의 가르침을 접할 수 있고, 이를 통해서 지혜의 눈을 뜨게 되기 때문입니다. 우리는 지혜의 눈을 뜸으로써 인생의 참다운 의미가 무엇인지 깨닫게 되며 자신이 성취하고자 했던 것을 얻는 기쁨을 맛보게 되는 것입니다. 관세음보살은 중생들의 고통과 어려움과 문제를 모두 책임지고 해결하겠다는 원력을 세운 분입니다.

앞으로 공부하게 될 『천수경』을 통해서 바로 이러한 관세음보살의 대자대비심을 엿볼 수 있을 것입니다. 그것은 곧 우리가 관세음보살의 자비심을 일상생활에서 어떻게 수용해야 할 것인가 하는 문제와도 연결됩니다.

자비하신 어머니여!

우리가 일상적으로 대하는 『천수경』은 외우기 좋도록 재구성된 것이고, 팔만대장경 안에 있는 원래의 『천수경』은 그 양이 훨씬 많습니다. 본래의 『천수경』에서 열 가지 원願과 여섯 가지 향向과 대다라니를 발췌하여 의식을 집행할 때 독송하기에 적합하도록 재구성하고 재편집한 것이 바로 우리가 자주 접하는 『천수경』입니다.

불자라면 누구나 관세음보살의 자비심을 이해하고 있으며, 그에 대한 신앙심 또한 깊습니다. 『천수경』은 관세음보살에 대한 신앙심을 더욱 돈독하게 하는 경전입니다. 그러므로 『천수경』 공부를 통해 교리적인 면보다 관세음보살에 대한 뜨거운 마음을 가지는 시간이 되어야겠습니다.

당나라 때 소동파의 누이동생으로 소소매蘇小妹라는 보살이 있었습니다. 그녀가 지은 글 중에 『관음예문』이라는 것이 있습니다. 그 내용은 관세음보살의 자비를 찬탄하는 글로 매우 아름답고 간절한 마음을 담고 있습니다. 『천수경』의 내용을 이해하는 데 도움이 될 것 같아 여기에 지한智閑 스님이 번역한 것을 몇 편 인용하면서 관세음보살의 마음을 헤아리는 기회로 삼을까 합니다.

지심정례공양

중생의 세상
백천억 국토마다
자재하신 몸 달같이 나투시니
짝할 바 없네
무량한 저 자비여

관세음 관세음

자비하신 어머니여
원하옵나니 자비시여
이 도량에도 밝아오사
저희들의 작은 공양을 받아 주소서

<관세음보살 5> 중에서

지심정례공양

메아리 응답하듯
부르는 소리 낱낱이 찾아
고통 구해 주시고
천강에 밝은 달 비치듯
소원 발하는 이마다
큰 안락 주시는 이여

가없는 중생의 아픔
끝없는 중생의 소원
얼마나 애달팠으면
천의 손이 되셨을까
얼마나 사랑하였기에
천의 눈을 하셨을까

한 중생에 팔만의 병고요
한 중생에 팔만의 번뇌인데
항하사 중생의 고통
모두 씻어 주시는

관세음 관세음
자비하신 어머니여
원하옵나니 자비시여
이 도량에도 밝아오사
저희들의 작은 공양을 받아 주소서

〈관세음보살 6〉 중에서

지심정례공양

금강석
그 견고하고 맑은 신심과
어린아이
진실하고 고운 그 마음 모아 놓고
묘한 진리 남김없이 말씀하시는 이여

가야 할 고향이여
극락 저 청정한 보배 궁전에

대세지보살보다 위에 계시는

관세음 관세음
자비하신 어머니여
원하옵나니 자비시여
이 도량에도 밝아오사
저희들의 작은 공양을 받아 주소서

아쉬울 것 없도다
천의 손이여
당신 잊고 있을 때도 감싸 주시니
나 이제 더 이상 아쉬울 것 없도다

외로울 것 없도다
천의 눈이여
당신 찾기 전에도 돌봐 주시니
나 이제 더 이상 외로울 것 없도다
깊고 맑은 삼매의 눈으로
삼계가 본래 청정함을 아시옵나니
보옵는 그 눈이 청정함이라

〈관세음보살 7〉 중에서

지심정례공양

안락의 주인이시여
우러르면 이미 성스러운 신통 보이시고
이익 주시는 이여
구하면 어느새 이 몸 거둬 주시니
범부의 말과 생각이
미칠 곳이 아님이라

관세음 관세음
자비하신 어머니시여
원하옵나니 자비시여
이 도량에도 밝아오사
저희들의 작은 공양을 받아 주소서
뜨는 해 진리의 음성이여
기뻐 떠는 삼천세계
걸림 없는 묘한 말씀으로
진리 밝게 설하심이여

온갖 중생 원과 바람
자비 바람으로 답하시고
법계의 중생 중생을
그렇듯이 건져 주시네

〈관세음보살 8〉 중에서

『천수경』은 앞에서도 이야기했듯이 관세음보살의 자비와 지혜를 통하여 바람직한 삶을 제시해 주는 경전입니다.

관세음보살의 자비심과 관련하여 기도하는 마음가짐에 대해 잠깐 언급해 보겠습니다.

우리가 평소에 관세음보살에 대해 기도를 할 때도 간절한 마음가짐으로 무심히 기도에만 전념해야 합니다. 우리는 흔히 기도하는 마음 속에 온갖 번뇌가 가득 찬 경우가 많습니다. 관세음보살을 찾을 때는 오직 관세음보살만 찾으면 그뿐입니다. 기도할 때 너무 많은 것을 생각하면 관세음보살이 소원을 들어주려 해도 색깔이 분명치 못하여 소원을 들어줄 수가 없습니다. 그것은 마치 우리가 방송을 들으려면 듣고자 하는 곳의 채널에 맞추어야 하는 것과 같은 이치입니다. 관세음보살의 영험을 받으려면 관세음보살과 하나가 되는 길밖에 없는 것입니다.

『천수경』이 비록 짧은 경전이지만 그 내용은 결코 허술한 것이 아닙니다. 『천수경』은 앞으로도 우리가 늘 가까이 대할 경전이며, 그 속에 담긴 관세음보살의 사상은 우리 신앙의 근간이 되어야 할 것입니다. 그래서 우리의 신앙심이 더욱 깊어지고 넓어져서 일상생활 속에서 관세음보살의 자비와 지혜가 실천되어야 하겠습니다.

천
수
경

강
의

행복하십시오, 행복하십시오

정구업진언淨口業眞言

팔만대장경 중에서 가장 많이 읽히는 경전이 『천수경』이란 것은 앞에서 살펴보았습니다. 그런데 『천수경』의 첫마디가 〈정구업진언〉이란 것은 우리에게 엄청난 교훈을 던져 주고 있습니다. 〈정구업진언〉을 글자 그대로 풀이하면 '입으로 지은 업을 깨끗이 하는 참된 말'이란 뜻입니다.

불자들은 업에 대해서 누구나 한번쯤 들어 보거나 생각해 본 적이 있을 것입니다. 불교에서는 자신이 지은 업은 여러 수십억 년이 지난다 해도 없어지지 않아서 인연을 만나는 어느 순간에 자기가 지은 업에 대한 과보는 반드시 받는다고 합니다. 그 때문에 업을 잘 지어야 합니다.

가장 훌륭한 업을 짓는 일은 일생을 통해 부처님과 인연을 맺는 일입니다. 부처님은 이 세상에서 스승 중의 스승이시며, 가장 훌륭한 깨달음을 성취하신 분이시기에 부처님과 인연을 맺고 부처님과 업을 함께 한다는 것은 참으로 훌륭한 업을 짓는 일입니다.

안개 속을 지나오면 자기도 모르게 옷이 촉촉히 젖는 것처럼 업이라고 하는 것은 자기도 모르는 사이에 저절로 몸에 스며드는 흡인력을 지니고 있습니다. 좋은 업이란 우리가 절에 와서 절을 거듭하거나 법문을 여러 차례 듣는 사이에 그것이 쌓여서 커다란 공덕이 되고 지혜의 큰 눈이 열리게 되는 것입니다. 다시 말해서 부처님과의 인연 맺음은 우리의 삶을 밝게 열어가는 훌륭한 업을 쌓아가는 계기가 되는 것입니다. 그 공덕으로 인하여 마음이 정화되고, 마음에 선업이 쌓여서 하고자 하는 모든 일들이 밝고 긍정적인 방향으로 전환됨은 더 말할 나위가 없습니다.

업과 관련된 우리가 잘 아는 고사古事 한 가지를 소개하겠습니다.

흔히 같은 시간에 공교롭게도 일이 겹쳐 일어난다는 말로 '까마귀 날자 배 떨어진다'는 뜻의 '오비이락烏飛梨落'이라는 고사성어가 있습니다. 이 말은 불교경전에 있는 고사에서 비롯된 말인데, 사실은 그 뒤에 '배가 떨어지면서 마침 지나가던 뱀의 머리를 맞추어 뱀이 죽었다'는 뜻의 '파사두破巳頭'라는 구절이 이어져야 합니다. 이 고사성어의 연원을 거슬러 올라가 보면 인과응보의 업연業緣이 잘 나타나 있습니다.

'오비이락 파사두야'의 고사 이야기는 계속 이어집니다. 우연히 떨어진 배에 맞아 죽게 된 뱀은 다시 산돼지로 태어났습니다. 또 배에 앉아 있던 까마귀는 죽어서 꿩이 되었습니다. 이른 봄에 꿩이 양지쪽에 앉아 햇볕을 쪼이고 있는데 마침 산비탈을 지나던 산돼지가 그만 돌을 헛디디고 말았습니다. 그런데 그 돌이 굴러서 양지쪽에 앉아 있던 꿩을 쳐서 죽이고 만 것입니다. 처음에는 까마귀에 의해 죽임을 당했던 뱀이 다시 산돼지로 변하여 까마귀가 죽어서 된 꿩을 다시 죽이게 된 것입니다.

다시 꿩은 죽어서 사람으로 태어나 사냥꾼이 되었는데 어느 날 산에서 우연히 산돼지를 만나게 되었습니다. 사냥꾼이 그 산돼지를 쏘려고 하니 산돼지는 마침 근처에 있던 조그만 암자로 숨어들었습니다.

암자에는 지혜의 눈이 열린 도인 스님이 살고 있었습니다. 스님이 가만히 앉아 참선을 하고 있으려니 절 주위에서 죽고 죽이는 과거의 원한 관계가 뒤엉켜 피비린내를 풍기고 있는 광경이 펼쳐지고 있었습니다. 도인 스님은 사냥꾼에게 가서 산돼지를 죽이지 말라고 하면서 숙명통으로 과거로부터 이어져 온 서로의 원한 관계를 설명해 주었습니다. 그 이야기를 듣고 사냥꾼은 마침내 발심하여 불제자가 되었다는 기록이 경전에 실려 있습니다.

이처럼 모르고 지은 업보이지만 언젠가는 그 과보를 받는 것입니다. 불교경전 속에서 업에 대한 가르침은 상당한 양을 차지하고 있습니다.

때때로 내 인생은 왜 이렇게 안 풀리는가 하고 한탄하는 경우가 많습니다. 그런 경우도 따지고 보면 전생부터 지은 업장 때문입니다. 결국 지은 업대로 그 과보를 받는다는 원리를 이해하면 자기의 행동이나 생각이 달라질 것입니다. 좋은 업을 쌓으면 좋은 과보를 받고, 나쁜 업을 쌓으면 나쁜 과보를 받는다는 믿음이 철저할 때 우리가 속한 이 사회는 보다 밝은 내일을 기대할 수 있을 것입니다.

불교에서는 업의 중요성에 대해서 거듭 강조하고 있습니다. 자기가 지은 업은 반드시 자기가 받는다는 뜻으로 자업자득自業自得이란 말도 있습니다. 또 업감연기業感緣起라고 하여 업은 인과因果와도 깊은 연관이 있습니다. 우리 중생들은 업의 굴레에서 벗어나지 못하는 한 그 업의 테두리 안에서 모든 것이 돌아가고 있다고 할 수 있습니다. 다시 말해서 업의 굴레에서 산다는 사실을 깨닫는 일이 바로 업감연기의 법칙입니다. 업으로 인해서 생겨나고 업으로 인해서 소멸되는 일이 모두 업의 소치입니다.

자기 자신을 위시해서 우리가 누리고 있는 이 세계환경가 모두 업의 인연에 의해 이루어져 있는 것입니다. 그래서 흔히 동업중생同業衆生이라는 말도 많이 합니다. 부부가 함께 살면서 닮아가는 이유도 같은 환경에서 같은 업을 누리고 살기 때문입니다. 우리의 모습은 결국 업의 한 표현에 지나지 않습니다. 좋지 않은 습관을 스스로 끊으려 해도 잘 되지 않는 것은 업장業障이 두텁기 때문입니다.

그 밖에도 업에 대한 이야기는 수없이 많습니다. 삼국시대의 유명한 인물로 김유신이 있습니다. 자기가 늘 타고 다니던 아끼는 말이 무의식 중에 매번 기생집으로 향해서 말의 목을 베었다는 이야기는 유명한 일화로 전해오고 있습니다. 업이 자기도 모르는 사이에 굳어져 버리면 그것이 습관이 되어 고치기 어려운 것입니다.

업이라고 해서 모두 나쁜 것은 아닙니다. 좋은 업, 청정한 업도 얼마든지 지을 수 있습니다. 불교를 공부하고 절에 다니는 사람은 절대로 남을 원망해서는 안 됩니다. 이 세상에 태어난 것도 전생에 지은 업의 한 결과일 뿐입니다. 부모를 원망하거나 세상을 원망하는 것은 어리석은 짓에 불과합니다. 세상이란 각 개인이 모여 이루어진 집단이며, 그 속에 나란 존재도 포함되어 있습니다. 그렇기 때문에 남을 원망하고 미워하는 것은 그릇된 생각입니다.

업에 대해서 제대로 깨닫고 이해하고, 생활 속에서 실천한다면 불교를 다 이해한 것과 같습니다. 업에 대한 이해는 비단 불자뿐만 아니라 누구나 다 알아야 할 이치입니다. 업만 제대로 이해한다면 세상에 험악한 일이란 일어나지 않을 것입니다. 자기에게 돌아올 업의 결과가 두려워서라도 포악한 행동은 하지 못할 것입니다. 이 세상의 사회법은 얼마든지 피할 수 있겠지만 업은 결코 피할 수 없습니다. 세상을 정화하는 길은 업에 대한 부처님의 가르침을 깨닫고 이해하여 실천하는 길밖에 없는 것입니다.

불교에서는 인간이 행한 모든 행위를 업이라고 하는데, 업에는 세 가지가 있습니다. 그것은 신身·구口·의意 삼업三業으로, 우리가 행하는 어떤 행위이든 이 세 범주 안에 들어 있습니다. 몸으로 짓는 업을 신업身業이라 하고, 입으로 짓는 업을 구업口業이라 하며, 생각으로 짓는 업을 의업意業이라고 합니다.

예를 들어 누구를 미워한다고 할 때, 마음 속으로 미운 생각을 하든지 말로써 그를 비난하든지 아니면 손으로 상대방을 직접 때리든지 하는 신·구·의 삼업 중 하나가 이루어집니다.

『천수경』에서는 그 첫머리에 삼업 중의 구업에 대해 강조하고 있습니다. 구업은 말에 의해 이루어지지만 입을 삐죽거린다거나 먹지 말아야 할 음식을 먹는 일도 구업을 짓는 일에 해당됩니다. 구업의 뜻을 한마디로 표현하면 결국 '입조심하라'는 뜻으로 받아들일 수 있습니다.

구업을 다시 악구惡口·양설兩舌·기어綺語·망어妄語의 네 가지로 나눌 수 있습니다. 악구는 악담 또는 나쁜 말을 하는 것이며, 양설은 남을 서로 이간질시키는 이중적인 말을 하는 것이며, 기어는 비단결처럼 교묘하게 꾸며서 하는 말이며, 망어는 거짓말을 하는 것입니다.

우리는 일상생활에서 알게 모르게 엄청난 구업을 짓는 경우가 많습니다. 기독교의 『성경』에도 '태초에 말씀이 있었느니라'라는 말이 첫머리를 장식하고 있습니다. 어떤 의미에서 인간은 말에 의해 움직이는 동물이라고 할 수 있습니다. 남으로부터 마음에 없는 소리라도 칭찬의 말을 들으면 기분이 좋아지는 반면, 비

난의 말을 들으면 기분이 나빠집니다. 때때로 말 한마디 때문에 운명이 바뀌기도 하고, 목숨이 걸려드는 경우도 있습니다. 또한 우리 주위에는 말과 관련된 이야기나 경고, 명언들이 아주 많습니다.

이처럼 말이란 우리의 일상생활과 밀접한 관계가 있습니다. 말을 적절하게 잘 할 줄 아는 사람은 누구에게나 인정받습니다. 처음 대하는 사람일지라도 몇 마디의 말을 들어 보면 그 사람의 인격을 평가할 수도 있습니다. 또 착한 일을 하여 많은 공덕을 쌓아 놓고도 경솔한 말로 인해서 그 공덕을 무너뜨리는 경우도 흔히 볼 수 있습니다.

말의 중요성은 아무리 강조해도 지나치지 않습니다. 옛 사람들은 '만 가지 화禍의 근본이 입에서부터 출발한다'고 하여 항상 말조심할 것을 가르쳤습니다. 또 '입 지키기를 병마개 닫듯이 하라'고도 했습니다. 이 같은 옛 사람들의 당부는 말이란 꼭 필요할 때만 하고 그 나머지는 침묵을 지키라는 뜻으로 이해할 수 있을 것입니다.

제일 많이 읽히는 경전의 첫마디가 '말조심하라'는 것은 결국 '말에 대한 책임을 지라'는 것이며, 나아가서 '잘못된 말은 참회하라'는 뜻으로 이해해야 할 것입니다.

앞에서도 강조했듯이 구업을 깨끗이 한다고 하는 것은 대단히 중요한 일입니다. 다시 말해서 말을 어떻게 할 것인가에 대한 이야기는 거듭거듭 강조해도 지나치지 않습니다. 부처님께서 경전 곳곳에서 강조하고 계시며, 특히 『천수경』의 첫머리에서 말의 중요성을 강조한 것은 우리에게 시사하는 바가 대단히 크다고 할 수 있습니다.

말이라고 하는 것만큼 좋은 기도가 없습니다. 우리가 관세음보살이나 신장님께 매달리다가도 일상으로 돌아가면 바로 그분들의 참다운 뜻을 잊어버리고 말을 함부로 하는 경우가 많습니다. 어둡고 부정적이며 남의 가슴에 못을 박는 말을 서슴없이 하는 경우가 허다합니다. 말 한마디 때문에 온 집안을 그늘지게 하는 경우도 많습니다. 좋지 못한 말은 공들여 이루어 놓은 기도에 먹칠을 하는 것과 똑같습니다.

진정한 기도는 사람과 사람끼리 주고받는 말을 통해서 서로가 알아들을 수 있는 말 가운데 그것이 기도가 되도록 하는 것입니다. 다시 말해서 일상생활에서 밝은 말, 고운 말, 긍정적인 말, 원만히 성취되도록 하는 말, 희망을 불어넣어 주는 말을 많이 해야 합니다. 그것이 바로 관세음보살의 뜻입니다.

시험을 앞둔 자녀들에게, 승진을 앞둔 남편이나 친척에게 용기를 북돋워 주고 절망에서 희망으로 전환할 수 있는 말을 해 주는 것보다 더 훌륭한 기도는 없습니다. 〈정구업진언〉의 원리도 깨닫고 보면 그와 통해 있습니다. 부처님께서도 밝고 고운 말 한마디가 주위를 태양처럼 밝게 비춘다고 했습니다. 남편을, 아내를, 부모를, 자식을, 이웃을, 나아가 모든 사람을 행복하게 하거나 불행하게 하는 것은 바로 말 한마디에 달려 있습니다. 밝고 따뜻한 말 한마디는 그것이 태양이 되어, 그 빛을 향해 모든 사람이 따라오게 할 수 있습니다.

인간은 또 말에 만족하는 동물이라고 했습니다. 한마디 말로 천 냥 빚을 갚는다는 속담이 있듯이, 사람은 상냥하고 온화한 말에 만족을 느낍니다. 마음이 담긴 말 한마디만 적절하게 제대로 할 수 있다면 그 사람의 기도는 성취된 거나 마찬가지입니다.

밝은 말이 저절로 나오는 사람이 되도록 각자가 힘써야 할 것이며, 그것이 우리의 기도가 되어야 할 것입니다. 관세음보살을 찬탄하는 그 마음이 우리의 일상에 연결이 되어야 합니다. 자신이 만나는 모든 사람들에게 관세음보살을 대하듯 하는 것이 올바른 기도입니다. 〈정구업진언〉의 원리도 여기에서 결코 벗어나지 않습니다.

그럼 본문으로 돌아가서, 〈정구업진언〉이라고 할 때의 진언은 범어로 만트라mantra라고 하는데, 진언 또는 다라니라고 표현하기도 합니다. 일반적으로 『반야심경』에서처럼 짧은 것일 경우에는 진언이라 하고, 『천수경』에서처럼 내용이 길면 다라니라고 합니다. 진언, 다라니란 말은 '모두 지녀 가졌다'라는 뜻을 지녔으므로 총지總持라고도 합니다.

우리는 눈에 보이는 세계만을 이해하려는 경향이 있습니다. 그러나 우리가 보지 못하는 정신의 세계, 영혼의 세계, 귀신의 세계, 불보살의 세계 등 보이지 않는 세계는 상상할 수 없을 정도로 넓고 큽니다. 보이는 세계는 보이지 않는 세계에 비하면 빙산의 일각에 지나지 않습니다. 우리가 뜻도 알 수 없는 진언을 자꾸 외우는 것은 이 보이지 않는 세계에 영향을 미치기 때문입니다.

진언은 범어로 되어 있어서 우리가 그 뜻을 쉽게 알 수는 없습니다. 그렇다고 그 해석이 전혀 불가능한 것은 아닙니다. 진언을 잘 번역하지 않는 이유 중의 하나는 그것을 잘못 번역함으로써 뜻이 달라지거나, 설사 번역한다고 해도 그것의 진정한 의미를 십분 발휘하지 못할 우려가 있기 때문입니다. 그러나 진언은 그 뜻을 모르고 외워도 영향력을 발휘할 수 있습니다.

진언이 얼마나 영험이 있는가에 대한 흥미 있는 일화 한 가지를 소개하겠습니다.

옛날에 장안의 유명한 거지가 중국으로 여행을 갔습니다. 그는 중국으로 간 김에 거짓말을 해서 융숭한 대접을 받으려고 했습니다. 그리하여 변방의 어느 고을에 가서 자기가 왕의 조카라고 속이고 칙사 대접을 받고 있었습니다. 거기까지는 그래도 괜찮았는데 그는 자기가 왕족인 것을 입증하기 위해 늘 반찬 투정을 부렸습니다. 그렇게 하면 귀족 취급을 해줄 줄 알았던 것입니다.

그러던 어느 날 조국의 사신 한 명이 중국에 볼일이 있어서 우연히 그 고을에 들르게 되었습니다. 그 고을 원님은 사신에게 자초지종을 말하고 어떻게 했으면 좋겠느냐고 물었습니다. 왕의 조카가 중국으로 여행을 왔다면 그 사신도 충분히 알 수 있는 일인데 그로서는 처음 듣는 이야기였습니다. 그렇다고 당장 그런 일이 없다고 할 수도 없는 노릇이었습니다.

사신이 왕의 조카라고 하는 이에게 나아가 인사를 하려고 보니 그는 장안의 이름난 거지였습니다. 하지만 고을 원님에게 그가 거지라고 한다면 그는 당장에 목이 달아나고 말 것입니다. 그래서 사신은 한 가지 꾀를 생각해냈습니다.

　사신은 고을 원님에게 그가 반찬 투정을 할 때마다 자기가 일러주는 말을 하라고 가르쳐 주었습니다. 그것은 바로 '거지인 주제에'라는 말이었는데, 중국 사람이 그 말의 뜻을 알 리가 없었습니다. 사신이 떠나고 난 후 왕의 조카란 자가 반찬 투정을 할 때마다 원님은 뜻도 모르고 '거지인 주제에' 하고 외웠습니다. 그렇게 무심코 뜻도 모르고 내뱉은 말이지만 진짜 거지가 듣고는 완전히 혼비백산이 되어 도망가고 말았습니다. 중국 사람은 뜻도 모르고 외웠지만 '거지인 주제에'라는 말이 진짜 거지에게는 엄청난 영험을 발휘한 것입니다. 진짜 거지에게 있어 '거지인 주제에'라는 말은 그 사람의 생명을 오락가락하게 했던 것이었습니다.

　이처럼 진언은 그 뜻을 모르고 외워도 신비한 영향력을 발휘하는 것입니다. 거기에는 신앙적인 면도 상당히 많은 부분 차지하고 있습니다.

　그러면 구체적인 진언의 내용을 살펴보기로 하겠습니다.

「수리 수리 마하수리 수수리 사바하」(3번)

　『천수경』에서 맨 먼저 나오는 '입으로 지은 업을 깨끗이 하는 진언'이 바로 **수리 수리 마하수리 수수리 사바하**입니다. 여기서 **수리**는 '길상존吉祥尊'이란 뜻입니다. **마하수리**에서 **마하**는 '크다'

는 뜻이어서 **마하수리**는 '대길상존大吉祥尊'이 됩니다. 또 **수수리**의 **수**는 '지극하다'는 뜻이어서 **수수리**는 '극길상존極吉祥尊'으로 해석할 수 있습니다. 마지막의 **사바하**는 앞의 내용을 결론짓는 종결의 뜻으로 사용되는 정형구로서 그 뜻은 '구경究竟, 원만圓滿, 성취成就, 억념憶念, 산거散去' 등의 의미가 있습니다.

수리 수리 마하수리 수수리 사바하를 풀이해서 읽어 보면 '길상존이시여, 길상존이시여, 대길상존이시여, 극길상존이시여'가 됩니다.

여기에서 '길상'은 다시 두 가지 뜻을 내포하고 있습니다. 그것은 축원과 찬탄입니다. 남을 위해 축원해 주고 찬탄을 하는 것은 길상의 진정한 의미입니다. 상대방의 좋은 점을 칭찬해 주고, 또 그의 근본적인 인간성을 찬탄해 주면서 축복해 주는 것이 **수리**의 진언 속에 숨어 있는 뜻입니다.

그러므로 **수리**의 구체적인 표현은 한두 마디 말로 끝나지 않습니다. 상대방을 칭찬하고 축원하는 말이라면 모두 **수리**의 뜻이 됩니다. 예를 들어 '행복하십시오, 훌륭하십니다, 장하십니다, 성공할 것입니다, 잘 될 것입니다' 등의 칭찬과 찬탄과 상대방을 향한 긍정적인 표현은 **수리** 속에 모두 내포되어 있습니다. 그래서 **수리 수리 마하수리 수수리 사바하**를 '행복하십시오'로 바꾸어 보면, '행복하십시오, 행복하십시오, 크게 행복하십시오, 지극히 행복하십시오, 그 행복이 영원하십시오'라는 뜻이 됩니다. 또 '훌륭하십니다'로 바꾸어 보면, '훌륭하십니다, 훌륭하십니다, 크게 훌륭하십니다, 지극히 훌륭하십니다, 참으로 훌륭하십니다'로 풀이할 수 있습니다.

이처럼 진언은 함축하고 있는 뜻이 깊고 넓습니다. 그러다 보니 잘못 해석하면 그 본래의 뜻과는 멀어지고 마는 경우도 있습니다.

우리는 살면서 누구나 할 것 없이 엄청난 구업을 짓게 됩니다. 그렇게 지은 구업을 참회하고 깨끗이 하려면 남을 칭찬해 주고, 찬탄해 주고, 축복해 주는 길밖에 없다는 사실을 명심해야 할 것입니다. 칭찬하고 찬탄하는 일은 상대가 누구든지 가리지 말고 해야 합니다.

수리 수리 마하수리 수수리 사바하 속에는 입으로 지은 모든 업을 소멸하는 뜻도 있지만 그와 아울러 공덕을 쌓는 일도 이 진언 속에 들어 있습니다. 마치 그릇 속에 금덩어리를 담으려면 그릇에 담겨 있는 쌀이 아무리 아까워도 그것을 버려야 하는 것과 같습니다. 그래서 진언을 외우는 일은 업장을 비우는 일도 되지만 공덕을 담는 일도 되는 것입니다.

이렇게 진언은 두 가지 일을 동시에 성취시켜 주는 위대한 힘을 가지고 있는 것입니다. 업장소멸과 공덕을 동시에 이루는 일은 결국 남을 칭찬하고 찬탄하는 일밖에 없습니다.

〈정구업진언〉 속에는 남을 찬탄하고 칭찬해 주는 **수리**가 다섯 번이나 반복됩니다. 그것은 건성으로 입에 발린 말로 칭찬하고 축원해 주는 것이 아니라 그것이 진심에서 우러나온 것임을 나타내며, 곧 부처님의 자비와 위대함을 엿볼 수 있는 대목인 것입니다. 남을 칭찬해 주고 찬탄하는 일보다 더 좋은 기도는 없습니다. 남을 향한 칭찬과 축원은 결국 자기 자신에게 돌아오게 되어 있습니다.

진리는 근본적으로 하나입니다. 기도란 바로 부처님과 자기 자신이 하나가 되는 길입니다. 그러나 남을 비난하고 헐뜯고 욕하는 일은 둘이 되는 길입니다. 오랫동안 서로 칭찬해 주며 일심동체로 지내던 부부가 서로 안 좋은 점을 이야기하기 시작하면서 둘로 갈라지는 경우가 많습니다. 둘로 나누어지는 것은 진리의 원칙에서 어긋나는 일입니다. 둘로 나누어지는 가장 큰 원인이 바로 구업이기 때문에 부처님께서는 〈정구업진언〉을 『천수경』의 맨 첫머리에 둔 것입니다.

절에서 받는 보살계에도 열 가지 크고 무서운 죄 가운데 다섯 가지가 거듭 반복해서 남을 비난하지 말라고 되어 있습니다. 부처님께서는 말로 짓는 업에 대해 경전 곳곳에서 강조하셨습니다.

『아함경』에서는 "어떤 경우라도 남을 절대 비난하지 말라. 비난하는 것은 마치 피를 물고 남을 향해 뿌리는 것과 똑같다"고 했습니다. 남을 향해 피를 뿌리기 위해서는 남에게 피가 닿기 전에 먼저 자기의 입 속에 피를 머금게 됩니다. 말의 위력은 참으로 엄청난 것이어서 '말이 씨가 된다'는 말도 있습니다.

〈정구업진언〉의 교훈은 바로 하나가 되라는 말씀입니다. 너와 내가 하나가 되고, 남과 북이 하나가 되고, 그래서 하나인 진리의 길로 가라는 것입니다. 이런 의미에서 〈정구업진언〉의 뜻은 참으로 엄청난 교훈이고 그 어떤 문도 열 수 있는 열쇠입니다.

인간관계에서 아무리 두터운 장벽이 막혀 있다고 해도 서로 칭찬해 주고 찬탄하다 보면 모든 갈등이 사라져 버릴 것은 당연한 일입니다.

그 많은 경전 가운데 가장 많이 읽히는 경전이 『천수경』입니다. 그 『천수경』의 첫 머리가 〈정구업진언〉으로 되어 있으며 그 뜻이 남을 칭찬해 주고, 축복해 주고, 찬탄해 주는 말로 되어 있다는 것은 우리에게 많은 것을 가르쳐 주고 있습니다.

온 우주에 가득한 부처님께 귀의합니다

오방내외 안위제신진언五方內外 安慰諸神眞言

오방은 동 · 서 · 남 · 북 사방과 중앙을 이르는 말입니다. 불교에서는 **오방** 이외에도 팔방八方, 시방十方 등으로 공간 개념을 많이 표현하고 있습니다. **내외**는 '안팎'이란 뜻이고 **안위제신**은 '모든 신들을 편안하게 위로한다'는 뜻입니다.

불교에서는 모든 생물과 무생물에게까지도 신이 있다고 봅니다. 나무에는 목신이 있고, 길에는 길을 지키는 신이 있고, 북방에는 북방을 맡은 신이 있다는 등 모든 곳에 신의 의미를 부여하고 있습니다. 어떤 사물이라도 섣불리 생각하는 것이 아니라 신성하게 여기는 것입니다. 지혜의 눈으로 보면 이 우주 안에는 우리의 육안으로 미치지 않는 엄청난 영감의 세계, 영혼의 세계,

마음의 세계가 얼마든지 펼쳐져 있습니다. 그런 세계에 존재하는 여러 신들에게 우리가 하는 일이 잘 되도록 신들을 다독거려 편안하게 하는 일이 바로 〈오방내외 안위제신진언〉의 숨은 의미입니다. 다시 말해서 우리 주변에서 알게 모르게 인연을 함께하며 불법을 지키고 옹호하는 보이지 않는 온갖 신들을 안위시키기 위해서는 진언이 필요한 것입니다.

그릇에 '다라니'라는 좋은 음식을 담으려면 담기 전에 그릇을 비우고 깨끗이 청소해야만 하는데 그것이 바로 앞에서 말한 〈정구업진언〉이요, 나아가 오방에 계시는 신들을 안위시키는 일인 것입니다. 즉 이것은 '다라니'를 담기 위한 준비 작업으로서, 모든 나쁜 환경들을 바로잡고 있어야 할 자리에 바로 놓아 모양을 갖추는 것입니다.

예를 들어 우리가 무슨 공사를 하거나 집회를 열려고 할 때 미리 해당 파출소나 동사무소에 가서 신고를 함으로써 뒤탈이 없이 일을 원만히 이루도록 하는 것과 같습니다.

이처럼 『천수경』을 읽기 전에 신성한 의식의 하나로 오방에 두루 계시는 신들께 미리 잘 봐 달라고 도움을 청하는 행동이 바로 진언을 외우는 일인 것입니다. 온전한 자리에서 『천수경』을 잘 읽을 수 있도록 몸과 마음을 바로잡아 어디를 돌아봐도 경을 읽을 준비를 하는 것입니다.

이런 점에서 볼 때 경전의 구조가 인간의 상식과 한 치의 오차도 없이 딱 들어맞는 것임을 알 수 있습니다.

그러면 오방에 계시는 신들을 안위시키는 구체적인 진언을 살펴보기로 하겠습니다.

「나무 사만다 못다남」

여기에서 **나무**는 우리가 자주 접하는 용어입니다. '나무 석가모니불' '나무 관세음보살' 등 **나무**는 아주 많이 등장하고 있는데, 그 뜻은 '귀의한다', '귀의하여 받든다'는 말입니다.

사만다는 '널리', '두루'란 의미로 '보변普遍'이란 뜻이 있습니다.

못다남의 **못다**는 원래는 붓다인데 옮겨 쓰는 과정에서 잘못 표기된 것입니다. 곧 부처님을 나타내는 말입니다. **남**은 '~들'이란 뜻의 복수를 나타내는 접미사입니다. 그래서 **나무 사만다 못다남**은 '널리 온 우주에 가득히 계시는 부처님들께 귀의하고 받든다'는 뜻이 됩니다.

우리가 부처님께 귀의하고 받들 수 있는 마음 자세가 되었을 때 비로소 『천수경』을 외울 수 있게 되는 것입니다. 이 말은 곧 오방 내외의 모든 신들을 안위시키는 것은 부처님께 귀의함으로 가능하다는 것입니다.

우리가 법당에 앉아 법문을 듣고 기도를 한다고 해도 마음이 흔들리거나 다른 곳에 가 있으면 경을 읽을 수 없습니다. 그러나 비록 시궁창에 떨어져 있더라도 자기의 마음이 일심一心이 되어 있다면 『천수경』을 자신의 몸 안에 간직할 수 있는 자세가 된 것입니다. 그렇게 경經과 내가 한 마음이 될 때 오방의 신들은 안위

되는 것이요, 자기 자신이 부처님께 귀의해 버리면 비록 귀신의 소굴에 있더라도 아무런 문제가 되지 않는 것입니다.

계속해서 이어지는 진언을 살펴보기로 하겠습니다.

「옴 도로도로 지미 사바하」(3번)

옴 도로도로 지미 사바하에서 맨 첫머리에 나오는 **옴**이라는 진언은 그 뜻이 매우 깊고 중요합니다. 그래서 한두 마디로 그 뜻을 잘 해석할 수 없습니다. **옴**이라는 진언은 그것 하나만으로도 최상의 훌륭한 진언이 될 수 있습니다. 흔히 **옴**을 진언의 왕이요, 우주의 핵심이며, 소리의 근원이라고 말합니다. 또 **옴**은 피안에 이르는 범선帆船이며, 가장 완벽하게 찬탄하는 구절이며, 우주의 근원을 깨뜨리는 소리이며, 모든 법문의 어머니입니다.

옴은 읽을 때 짧게 읽지 않고 길게 장음으로 소리내야 합니다. **옴**이란 소리에는 지극히 신비한 힘이 깃들어 있기 때문입니다. 헤르만 헤세의 『싯달타』에서도 **옴**으로 명상을 하면서 성불하는 장면이 나옵니다. 그 밖에 **옴**자는 대상을 교화 항복시킬 때에도 사용됩니다. 말하자면 **옴**은 두려운 대상을 굴복시키는 힘이 있습니다. 어두운 길을 가다가 무서움증이 날 때 아랫배에 힘을 주고 **옴**을 길게 서너 번 외치고 나면 두려움이 싹 가시는 것을 경험할 수 있습니다. **옴**은 항복시킨다는 뜻 이외에도 누구에게 무엇을 경고하는 뜻도 담겨 있습니다.

이처럼 **옴**자는 진언의 정형구로서 맨 앞에 위치하며 전체 진언의 의미에 따라 특수한 내용을 나타내고 있습니다. 여기서는 신장들을 안위시키는 작용을 합니다.

다음으로 **도로도로**는 '건너다'라는 뜻의 **도로**를 반복하고 있어서 '제도하고 제도하소서'라는 뜻이 됩니다.

지미는 '승리하다, 항복시키다'라는 뜻입니다.

나무 사만다에서 **지미 사바하**까지의 내용을 풀이해 보면, '온 우주에 두루 계신 부처님께 귀의하고 받드니, 제도하고 제도하소서. 승리하리이다'라는 뜻이 됩니다.

사바하는 〈정구업진언〉에서도 이야기했듯이 성취, 원만, 구경의 뜻이 있습니다. 그런데 여기에서는 모든 신들을 안위시키는 일이 원만하고, 철저하고, 편안하게 성취되도록 하는 종결어미입니다. 다시 말해서 **옴 도로도로 지미 사바하**에서 **사바하**의 뜻은 지금 모든 부처님께 귀의함으로써 모든 신들이 자연스럽게 안위되도록 바라는 뜻이 담겨 있습니다.

이 우주의 주인은 마음입니다. 우리가 어디에 있든지 자기 자신의 마음 자세가 제일 중요합니다. 차를 타고 있든지, 부엌에 있든지, 일을 하고 있든지 간에 온 우주에 가득한 부처님께 귀의하는 그런 마음 자세가 되었을 때 그로부터 모든 신들은 진정되어서 자신이 하고자 하는 일이 성취된다는 것입니다.

개경게開經偈

〈개경게〉라는 말은 경을 펼치기 전에 경을 찬미하는 게송偈頌

이라는 뜻입니다. 불교에서는 흔히 다섯 자, 일곱 자로 된 정형
구를 게偈라고 합니다.

그러면 구체적인 게송을 살펴보기로 하겠습니다.

무 상 심 심 미 묘 법 　　백 천 만 겁 난 조 우
無上甚深微妙法　　**百千萬劫難遭遇**

아 금 문 견 득 수 지 　　원 해 여 래 진 실 의
我今聞見得受持　　**願解如來眞實意**

첫 구절인 **무상심심미묘법**은 '부처님의 법은 너무나도 깊
고 넓고 훌륭하고 미묘해서 그것보다 더 높은 것은 없다'는 뜻
입니다. 부처님의 법은 가장 높고, 가장 깊고, 가장 미묘한 것입
니다. 그래서 그 법은 쉽게 만날 수 없으므로 둘째 구절인 **백천
만겁난조우**가 됩니다. 즉 '헤아릴 수도 없는 수억만 년의 오랜 세
월이 흘러도 부처님의 법은 만나기 어렵다'는 뜻입니다.

흔히 '인신난득人身難得 불법난봉佛法難逢'이라고 말합니다. 사
람 몸을 받아 태어나기도 어렵지만 부처님의 법을 만나기는 더
욱 어렵다는 뜻입니다. 불법을 만나기가 얼마나 어려운가를 비
유하여 경전에서는 눈 먼 거북이가 잠깐 쉬려고 넓은 바다 위로
올라왔다가 구멍난 나무토막을 만나는 것과 같다고 표현하고 있
습니다. 그처럼 불법의 인연은 저절로 되는 것이 아닙니다. 불법
이 아무리 가까이 있어도 인연이 없으면 만나기 어렵습니다. 예
를 들어 가까운 곳에 절이 있어도 인연이 없으면 불법을 만날 수

없습니다. 그러나 아무리 먼 곳에 있더라도 불법과 인연 있는 사람은 불원천리하고 달려가는 것입니다.

셋째 구절인 **아금문견득수지**는 '그러한 만나기 어려운 인연을 지금 내가 듣고, 보고, 얻어 지녔다'는 것입니다. **문견득수지**는 불법을 듣고, 경전을 보고, 그래서 그것을 받아 지녀 확실히 내 것으로 만든다는 교육의 다섯 단계로도 받아들일 수 있습니다.

마지막 구절인 **원해여래진실의**는 '여래의 진실한 뜻을 잘 알게 해 달라'는 뜻으로 풀이할 수 있습니다. 우리가 불법을 공부하는 뜻이 바로 이 구절에 있습니다.

부처님의 참뜻을 아는 것, 그것은 참으로 중요한 일입니다. 그런데 우리가 불법을 가까이한다고 해도 자기의 입장에서 적당하게 합리화시켜 아전인수我田引水격으로 해석하는 경우가 흔히 있습니다. 절이란 이런저런 바람이 이루어지는 곳이고, 불교란 대체로 이런 것일 거라고 적당히 자기 나름대로 생각하는 경우가 많습니다.

그런데 그런 혼자만의 생각은 그릇된 것일 수 있으므로 부처님의 진정한 가르침을 새겨 받아들여야 할 것입니다. 부처님은 동쪽을 가리키는데 우리는 서쪽을 가는 게 아닌가 하고 한번쯤 생각해 봐야 합니다. 인간의 욕망이나 개인의 필요에 의해 절에 와서 실컷 자기에게 필요한 것만을 느끼고 보고 배우는 경우가 많습니다.

원해여래진실의는 자기가 편리한 대로 생각하는 것이 아니라 여래의 입장에서 여래를 중심으로 생각하는 것입니다. 개인의 욕심을 채우기 위해 불법을 배우러 왔다면 그것은 잘못된 것입니다. 법회에 참석하든, 불공을 드리든, 경전 공부를 하든지 간에 여래의 진실한 뜻을 알고자 하는 것에 목적을 두어야 할 것입니다. 경을 읽을 때나 기도를 할 때, 부처님의 참다운 뜻이 무엇인가를 새겨서 아는 일은 참으로 중요합니다.

이상의 네 구절이 경을 펼치기 전에 가져야 할 마음 자세인데 그 뜻을 새기면서 읽으면 가슴이 서늘해지고 경건한 마음이 될 것입니다.

개법장진언開法藏眞言

법장은 법의 창고, 즉 법을 담고 있는 주체를 가리킵니다. **법장**은 법을 갈무리하는 창고이니 결국 경전을 가리키는 말입니다. 그래서 〈개법장진언〉은 일차적으로 경전을 펼치는 것을 이르는 말입니다. 그러나 본래의 의미는 사물 하나하나가 진리의 나타남이기 때문에 그 사물, 사건에 부딪히는 작용이 바로 법장을 여는 일입니다. 우리가 기도를 시작하는 일도 법장을 여는 일이며, 참선에 들어가는 것도 법장을 여는 일입니다.

옛 조사 스님께서 남기신 글 가운데 '아유일권경我有一卷經 불인지묵성不因紙墨成 전개무일자展開無一字 상방대광명常放大光明'이란 구절이 있습니다. 그 뜻은 '나에게 한 권의 경이 있으니, 종이나 먹으로 된 것이 아니네. 펼쳐 보아도 글자 한 자 없지만 늘 큰 광명 비추고 있네'라고 해석할 수 있습니다. 경전을 대할 때도 이와 같이 큰 광명을 비추는 마음으로 펼쳐야 합니다.

　부처님의 법이 담긴 경전을 그냥 아무렇게나 펼칠 수 없습니다. 아주 의미 있는 말 한마디로 시작해야 하는데 그것이 바로 다음에 이어지는 진언입니다.

「옴 아라남 아라다」(3번)

　여기에서 **옴**자는 앞에서 살펴보았듯이 진언의 첫머리에 나오는 정형구로서, 뒤에 이어지는 **아라남 아라다**를 종결지어 주는 의미가 있습니다.

　아라남은 '무쟁삼매無諍三昧'라는 뜻이 담겨 있습니다. 무쟁삼매란 마음이 편안하여 아무 갈등이 없는 상태를 말합니다. 경전을 펼치거나 법회를 할 때 마음에 온갖 번뇌와 잡념이 가득하면 그것은 유쟁삼매有諍三昧입니다. 다시 말해서 번뇌가 없는 마음, 갈등이 없는 하나로 통일된 마음이 무쟁삼매입니다. 그렇게 되어야 비로소 경전을 펼칠 수 있다는 것입니다. **아라다**는 '만족'이란 뜻입니다.

　그래서 이 진언의 뜻은 '번뇌가 없는 편안한 마음으로 법열 속에서 만족한다'는 말이 됩니다. 우리가 무엇을 하든지 간에 온몸을 던져서 철저히 행할 때 그 결과에 대해서는 만족할 수 있습니다. 하고자 하는 것과 자기 자신이 만족한다는 것은 결국 하나가 되는 것입니다. 이 세상에서 성공할 수 있는 비결은 무엇을 하든지 그 일에 자신의 전부를 던지는 것입니다. 몸과 마음을 바쳐 열중하는 사람은 결코 패배하지 않습니다. 무슨 일을 하든지 온몸을 거기에 던져서 **옴 아라남 아라다**를 했을 때 그 속에 행복이 있고 즐거움이 있는 것입니다. 무쟁삼매에서 만족하며 철저하게 추호의 빈틈도 없이 몰두하며 살아가는 사람은 인생을 보람되고 성공적으로 마칠 수 있을 것입니다.

경전을 펼치기 전에 아무런 갈등도 일으키지 않고 온갖 잡념을 가라앉힌 연후에야 비로소 경전에 담긴 법을 철저하게 공부할 수 있는 자세가 되는 것입니다. 말하자면 경전을 펼쳤을 때 경전과 자기 자신이 하나가 되어야 합니다. 그 때 비로소 우리는 만족을 얻을 수가 있는 것입니다.

〈정구업진언〉에서부터 **옴 아라남 아라다**까지는 어떤 경전을 읽든지 공통적으로 읽어야 하는 서문에 해당합니다.

얼마나 사랑하기에

천수천안 관자재보살 광대원만 무애대비심 대다라니千手千眼 觀
自在菩薩 廣大圓滿 無碍大悲心 大陀羅尼 계청啓請

〈천수천안 관자재보살 광대원만 무애대비심 대다라니〉에 '경'
자를 붙인 것이 『천수경』의 구체적인 본래 이름입니다. 여기서부
터 경의 본격적인 내용이 시작됩니다. 여기서 **광대원만**이란 『천
수경』은 관세음보살의 자비와 지혜가 담겨 있어서 넓고 크고 원
만하여 막히는 데가 없이 충만하다는 뜻입니다. 인간적인 정분情
分에 얽매이면 대가를 바라게 되고 자기도취에 빠지거나 분별심
이 생기게 마련입니다. 그렇지만 관세음보살의 자비는 이런 인
간적인 사랑이나 정을 뛰어넘어 자비로 승화되었기 때문에 아무
걸림이 없는 **무애대비심**인 것입니다.

흔히 우리는 부처님이나 관세음보살 등 불보살님을 항상 높은 곳에 올려놓고 늘 바라보기만 합니다. 보살펴 주기를 바라고 무언가 베풀어 주기만을 간절히 바랍니다. 다시 말하자면 부처님이나 관세음보살님께 일방적으로 의지하는 소극적인 마음 자세를 가지고 있는 이가 많습니다. 그러나 진정한 불자라면 여기서 그쳐서는 안 됩니다. 이처럼 자비롭고 훌륭한 관세음보살의 삶을 본받아서 자기 자신도 관세음보살처럼 살도록 노력해야 합니다. 불자라면 누구나 개개인이 관세음보살이 되어야 합니다. 그것이 관세음보살이 우리에게 바라는 진정한 마음입니다.

관세음보살의 마음은 부모와 자식과의 관계에 비유될 수 있습니다. 그래서 관세음보살을 자비스러운 어머니라고 하여 '대성자모大聖慈母'라고도 표현합니다. 자식이 어릴 때는 부모가 일일이 보살펴 주지만 어느 정도 성장한 뒤에는 부모와 똑같이 행동해야 하고, 또 그렇게 행동하기를 바라는 게 부모의 마음입니다. 자식이 성장했는데도 불구하고 항상 부모가 자식을 어릴 때처럼 보살핀다면 그것은 잘못된 부모입니다. 부모는 자식이 훗날 부모처럼 어엿한 어른으로 자라나고 또 어른답게 행동하라는 뜻에서 보살펴 주는 것입니다.

그와 마찬가지로 관세음보살도 우리가 힘이 없고 부족할 때 자비로써 보살펴 주고, 우리는 그 보살핌을 받습니다. 그러나 철이 들면 누구나 자기 자신도 관세음보살의 인생을 살아야겠다는 마음을 가져야 합니다. 이것이 바로 부모가 자식에게 바라는 근본적인 마음이며, 관세음보살이 우리에게 바라는 바입니다. 관세음보살의 인생을 자신의 인생으로 삼아 살아가도록 하는 것이 관세음보살의 본래 마음을 제대로 이해하는 것입니다. 누구나 관세음보살처럼 자비스럽고 지혜롭게 살도록 노력해야 합니다. 부처님께서는 오히려 부처님을 뛰어넘는 인생을 살도록 노력하라고 말씀하셨습니다.

관세음보살의 인생을 자신의 인생으로 살겠다는 굳은 각오와 용기가 있을 때, 우리의 공부는 성큼 한 단계 높이 오를 수 있습니다. 그러한 마음가짐으로 관세음보살을 찾는다면 관세음보살이 참으로 흐뭇하게 볼 것입니다. 자식이 아버지의 흉내를 내려고 포부를 가지고 행동할 때 그 아버지의 마음이 흐뭇해지는 것과 마찬가지입니다.

교육은 흉내내기에서 시작한다는 말이 있습니다. 흉내가 자꾸 계속되면 그것은 이미 흉내가 아닌 자기 것이 되고 맙니다. 관세음보살의 흉내를 자꾸 내다 보면 우리도 관세음보살이 될 수 있습니다. 어떤 사람이 5분간 맹인 흉내를 낸다면 그 사람은 그 5분 동안은 맹인이 되는 것입니다. 그와 마찬가지로 처음에는 5분간 관세음보살의 흉내를 내었다가 이것이 24시간 계속된다면 바로 우리 자신이 관세음보살이 되는 것입니다.

우리는 연습이나 흉내를 결코 부끄러워해서는 안 됩니다. 부모의 계속되는 보호 안에서는 자식이 더 이상 자랄 수 없듯이 관세음보살의 보살핌을 받는 입장에만 있어서는 안 될 것입니다.

대다라니라고 하는 것은 바로 뒤에 나오는 〈신묘장구대다라니〉를 이르는 말인데 자비의 공덕을 담고 있는 『천수경』의 핵심이며 심

장부에 해당되는 부분입니다.

다음으로 **계청**이란 '이제부터 다라니 열기를 청한다'는 뜻으로서, 이것은 괄호 안에 넣어서 원칙적으로는 읽지 말아야 하지만, 관습상 읽고 있습니다. **계청**은 경문이 아닙니다.

그러면 지금부터 관세음보살의 공덕을 칭송하는 구체적인 게송의 내용을 살펴보기로 하겠습니다.

계 수 관 음 대 비 주　　　원 력 홍 심 상 호 신
稽首觀音大悲呪　　願力弘深相好身

천 비 장 엄 보 호 지　　　천 안 광 명 변 관 조
千臂莊嚴普護持　　千眼光明遍觀照

맨 처음의 **계수관음대비주**를 글자 그대로 풀이하면 '관세음보살의 대비주에 머리를 숙여 귀의한다'는 뜻이 됩니다. 여기서 **대비주**는 앞에서 이야기했듯이 〈신묘장구대다라니〉를 이르는 말입니다. 『천수경』에서 〈대다라니〉는 다름 아닌 관세음보살의 자비를 나타내고 있습니다. 그래서 **대비주**와 관세음보살은 둘이 아닙니다. 관세음보살이 곧 **대비주**이며, **대비주**는 바로 〈신묘장구대다라니〉를 일컫는 말이니, 이 세 가지를 함께 붙여서 생각하는 것이 좋습니다.

관세음보살은 **원력홍심상호신**을 가진 분입니다. 이 말은 '관세음보살의 원력은 넓고 깊으며, 그 모습은 너무나 원만하다'는 뜻입니다. 흔히 자기 자신만을 위해서 마음 쓰는 것을 욕심이라고 하고, 높은 차원의 지혜를 가지고 타인을 위해서 마음 쓰는 것을 원력이라고 합니다. 원력도 부처님이나 관세음보살처럼 차원 높은 원력을 가져야 합니다. 관세음보살의 원력이란 모든 중생들의 고통을 다 해결해 주고 그들의 소원을 다 들어주겠다는 자비심입니다. 그래서 관세음보살은 천 개의 손과 눈이 되었으며 그 마음은 그 누구보다도 깊고 넓습니다.

『법화경』의 〈보문품〉에는 '홍서심여해弘誓深如海'라는 말이 나옵니다. 이것은 바로 관세음보살의 원력을 표현한 말인데 '큰 서원의 깊이가 마치 바다와 같다'는 뜻입니다. 또한 관세음보살의 상호는 32상相과 80종호種好로 표현됩니다. 이것은 주로 부처님 상을 말할 때 사용하지만 문수·관음·보현·지장보살님께도 해당됩니다. 상相과 종호種好는 육체적으로 나타나는 아름다운 모습뿐만 아니라 형이상학적으로 길상吉祥한 모습을 모두 갖춘 것을 일컫는 말입니다. 상과 종호를 합해서 상호라고 하는데, 이러한 상호를 갖춘 몸이 바로 관세음보살입니다.

다음으로 **천비장엄보호지**는 '천 개의 팔로 장엄해서 우리를 널리 보호하고 감싸준다'는 말입니다. 여기서 **천비**千臂는 천수千手와 같은 뜻으로 이해할 수 있습니다. 천 개의 팔로 중생들의 헤아릴 수 없이 많은 고통과 소원을 다 해결해 주고 들어주려는 마음을 가지는 것이 바로 장엄입니다. 우리가 흔히 목걸이나 귀고리로 몸을 장식하듯이 관세음보살은 천 개의 손으로 모든 것을 다 감싸줄 수 있는 자비심과 지혜와 원력으로 장엄하고 있는 것입니다.

관세음보살상을 보면 산호, 진주, 마니, 자거 등 온갖 진귀한 보석들로 치장된 것을 볼 수 있습니다. 이런 외형적인 치장은 관세음보살이 보석을 좋아해서 그렇게 요란하게 한 것이 아니라 바로 중생을 향한 자비심의 상징입니다. 관세음보살의 자비심을 상징적으로 나타내려고 하다 보니 그렇게밖에 표현할 수 없었던 것입니다.

보호지라고 하는 것은 '널리 보호하여 감싸준다'는 말인데 호지라는 낱말과 함께 우리가 알아 두어야 할 것이 있습니다. 그것은 '정법호지正法護持'라는 말입니다. 요즘 세상에는 종교도 많고, 그 가르침만이 최고라고 하는 진리도 많고, 모두들 자신의 주의 주장만이 옳다고들 합니다. 이러한 시대에 우리는 참으로 옳은 것을 잘 분별할 줄 알아야 합니다. 또한 그 많은 것 중에서 불법이 정말 값지고 귀중한 가르침이라는 확신이 섰을 때는 그것을 잘 지키고 보호함은 물론 남에게도 전해야 할 책임이 있습니다.

불교에서는 흔히 공양이란 말을 잘 씁니다. 부처님께서는 경전의 곳곳에서 공양이란 말을 많이 했습니다. 예를 들어 등불, 초, 향, 꽃, 과일, 음식, 약, 의복 등 무엇엔가 이바지하는 온갖 것을 공양이라고 합니다. 그런 것들도 물론 좋은 공양이지만 부처님께서 무엇을 제일 좋은 공양이라고 여기실까를 한번 생각해 보는 것이 바람직한 공양을 올릴 수 있는 방법일 것입니다.

우리가 손님을 청해서 공양을 대접한다고 할 때도 그 사람의 성향이나 취미, 식성을 잘 고려해야 진정한 공양을 올릴 수 있습니다. 그것이 바로 좋은 대접입니다. 마찬가지로 부처님께 공양을 올릴 때도 자기가 좋을 대로 생각해서 공양을 올리지는 않았는지 한번쯤 반성해 보아야 할 것입니다.

부처님께서 가장 좋아하는 공양은 바로 법공양이라고 합니다. 부처님께서는 〈보현행원품〉에서 많은 공양을 나열했지만 그 가운데서 제일은 법공양이라고 명시하셨습니다.

법공양이란 좁게는 경전을 출판하여 보시하는 것도 해당되지만 진정한 의미는 정법을 호지하는 것입니다. 정법을 호지하는 것은 바로 부처님의 가르침대로 깨닫고 실천하는 것입니다. 부처님의 은혜에 보답하는 길은 여러 가지 물질적인 공양을 올리는 것이 아니라, 부처님의 가르침이 담긴 법을 전하여 중생으로 하여금 본래의 참모습을 깨닫게 하는 것입니다.

그런 의미에서 정법을 호지하는 일은 참으로 중요한 일입니다. 정법을 호지하는 방법 중에서도 법을 펴는 일은 그 무엇보다도 시급하고 귀중한 일입니다.

불교에 대한 올바른 사상과 견해가 섰다면 그것을 잘 지킴은 물론 이웃과 사회에 불법을 통한 이익과 행복을 펴는 일에 좀더 희생적인 노력을 기울일 필요가 있습니다. 물질적으로 남에게 베푸는 일도 좋은 일이지만 정법에 대한 확신을 갖고 남에게 정신적인 삶의 질을 높여 주는 것보다 바람직하고 값진 일은 없습니다. 그러한 법공양을 통해 지혜의 눈이 뜨이고 마음의 문이 열려 자신 속의 무한한 가치를 발견한다면 그것보다 더 보람된 일은 없을 것입니다. 불자라면 누구나 진리의 가르침을 잘 보호하여 기회 있을 때마다 남에게 베풀고자 하는 마음가짐이 필요합니다.

다음으로 **천안광명변관조**는 '천 개의 눈으로 빛을 내어 널리 두루 관찰하여 비춘다'는 말입니다. 관세음보살은 중생을 어여삐 여겨 천 개의 손으로 이끄시고, 천 개의 눈으로 관찰하여 자비를 펼치고 계십니다. 우리는 이러한 관세음보살의 광명을 앉아서만 받을 것이 아니라 관세음보살의 자비를 배워서 우리도 관세음보살처럼 살도록 능동적인 마음자세를 가져야 할 것입니다. 부처님이나 관세음보살처럼 지혜와 자비로써 베풀 수 있는 삶을 살아가는 것이 그분들의 은혜에 보답하는 길이며, 또 그분들이 우리에게 원하는 것이기도 합니다.

계속해서 관세음보살의 공덕을 칭송하는 게송을 살펴보겠습니다.

진 실 어 중 선 밀 어　　무 위 심 내 기 비 심
眞實語中宣密語　　無爲心內起悲心

속 령 만 족 제 희 구　　영 사 멸 제 제 죄 업
速令滿足諸希求　　永使滅除諸罪業

여기서 **진실어중선밀어**는 '진실한 말 가운데 비밀스럽고 불가사의한 말씀을 베푼다'는 뜻입니다. 진실한 말 가운데 비밀스러운 말씀인 밀어는 진언, 즉 다라니를 일컫는 말입니다. 비밀스럽다는 것은 남이 알아서는 안 될 말이 아니라 중요하고 값진 큰 뜻이 담긴 말이라는 뜻입니다. 앞장에서 이야기했듯이 진언을 함부로 해석하지 않는 이유가 바로 여기에 있습니다. 진언은 너무 깊은 뜻이 담겨 있기 때문에 한마디로 번역해 버리면 그 가치가 떨어지고 마는 것입니다. 우리는 흔히 '눈으로 말한다'는 표현을 씁니다. 이것은 바로 눈빛은 아주 간단한 언어의 표현이지만 그 진실한 표현 속에는 매우 깊은 마음이 담겨 있는 경우가 많습니다.

다음으로 **무위심내기비심**은 '아무 조건 없는 마음 가운데 자비심을 일으킨다'는 뜻입니다. 우리는 무엇을 해 놓으면 그것을 자기가 했다는 마음이 항상 앞섭니다. 선행善行을 하고서 대가를 바라면 공덕은 없어지고 맙니다. 대가를 바라는 것은 마치 빌려주었던 돈을 되돌려 받는 것과 같습니다. **무위심**은 무엇을 베풀어도 베풀었다는 생각이 없는 마음, 다시 말해서 대가도 없고 조건도 없는 마음을 말하는데, 그것은 곧 관세음보살의 자비심입니다. 부모가 자식에게 대가 없이 무엇이든 자꾸 해주고 싶은 마음이 바로 **무위심**과 통합니다.

관세음보살의 자비심을 경전에서는 '갓 태어난 어린아이를 돌보는 어머니의 마음과 같다'고 표현하기도 합니다. 관세음보살이 이처럼 아무 조건 없이 사랑하듯 우리들도 모든 사람에게 자비를 베푸는 삶이 되어야겠습니다.

다음으로 **속령만족제희구**는 '모든 바라고 구하는 것을 속히 만족하게 해 준다'는 뜻입니다. **희구**는 중생들의 바라는 바, 즉 희망사항입니다. 중생들의 헤아릴 수 없이 많은 소원을 관세음보살의 자비심으로 하루속히 이루어지도록 해서 만족하게 해 주는 것이 **속령만족제희구**의 숨은 뜻입니다.

계속 이어지는 **영사멸제제죄업**은 '모든 죄의 업장들을 영원히 소멸시켜 없앤다'는 말입니다. 무엇을 담기 위해서는 그릇을 비우는 일이 선행되어야 합니다. 밝음이나 어둠을 실체가 없지만 분명히 존재하는 것처럼 우리가 지은 죄업은 눈에 보이는 실체는 아니지만 거미줄처럼 얽혀 하나의 영향력으로 나타납니다. 그 영향력은 또다른 과보를 낳게 되어 업장이 두터워지는 것입니다. 이런 우리의 업장은 참회를 통해서, 여기서는『천수경』을 읽는 일을 통해서 소멸케 된다는 것입니다. 굳이 밝음을 찾으려고 애쓸 게 아니라 우리 속에 있는 어둠만 제거하면 밝음은 저절로 나타납니다.

같은 달이더라도 초승달이었을 때는 밝게 비출 수 없지만 보름달이 되면 온 세상을 환히 비출 수 있는 것처럼 우리의 업장도 기도나 정진을 통해서 씻으면 씻을수록 점차 소멸되어 밝음을 되찾을 수 있게 됩니다.

불교의 업사상과 함께 중요한 것이 바로 인과의 법칙입니다. 그것은 인과응보로 바꾸어 말할 수도 있는데, 선인선과善因善果라 하여 선한 인연을 심으면 선한 과보를 받는다는 것입니다.

그런데 우리 주위를 보면 성실하고 착한 사람인데도 인생이 평탄하지 못한 경우를 볼 수 있습니다. 이런 경우는 얼핏 인과의 법칙에 어긋나는 것으로 보일 수도 있습니다. 부처님께서는『법구경』에서 말씀하시기를, "선한 사람도 선의 열매를 맺기 전에는 화를 만날 수 있다. 그러나 선의 열매가 익은 후에는 선한 사람은 반드시 복을 받는다. 악의 열매가 익기 전에는 악한 사람도 복을 받을 수 있다. 그러나 악의 열매가 익은 후에는 악한 사람은 반드시 화를 받는다"고 하셨습니다.

우리는 선한 일을 하는데도 어려운 삶을 살게 되고 악한 일을 하는데도 잘 사는 경우를 볼 수 있지만, 그것은 좁고 짧은 안목으로 보아 그렇습니다. 우물에서 숭늉을 찾는 것과 같습니다. 우물물이 숭늉이 되려면 여러 조건을 필요로 합니다. 착한 사람이 어려운 일에 처하게 되는 것은 그 사람이 과거에 지은 업이 아직도 남아 있기 때문이요, 악한 사람인데도 잘 사는 이유는 전생의 선한 업이 아직도 남아 있기 때문입니다.

예를 들어 실업자인데도 과거에 벌어 놓은 돈이 있다면 당장에는 잘 사는 것처럼 보일 것입니다. 그러나 계속 놀고만 있다면 언젠가는 저축한 돈이 바닥날 것입니다. 그와 반대로 현재 수백만 원씩 벌어들이는 사람도 과거에 진 빚이 있다면 그는 누적된 과거의 빚을 갚기에 급급할 것입니다. 인과의 법칙은 그와 같은 원리입니다.

우리가 보배창고에 공덕을 계속 쌓아둔다면 언젠가는 선한 과보를 받을 수 있습니다. 비록 현재가 어렵고 고통스럽더라도 인과의 법칙에 대한 철저한 믿음을 가져야 합니다. 과거로부터 쌓아온 업장의 더께가 선한 공덕으로 인해 녹아내리기를 항상 기도해야 할 것입니다. 기름진 땅에 씨앗을 뿌린다면 반드시 좋은 열매가 맺어질 것입니다. 그러나 지금은 비록 척박한 땅일지라도 정성껏 공들이고 노력을 기울인다면 시간이 걸리더라도 언젠가는 꽃이 피고 열매가 열릴 것입니다. 우리는 자기 업의 밭이 어떤 땅인가를 인과의 법칙에 입각하여 비추어 보고, 원망만 할 것이 아니라 더 한층 정진해야 할 것입니다.

인과의 법칙은 부처님께서 만드신 것이 아닙니다. 부처님께서는 단지 진리로 가는 길을 깨달아 터득하신 분이며, 진리로 가는 길을 가르쳐 주는 안내자일 뿐입니다. 인생에서 실패하거나 곤란을 겪더라도 결코 부처님을 비난하거나 가르침을 의심해서는 안 됩니다. 그것은 자기의 업장만 더욱 두텁게 할 뿐입니다.

우리는 이러한 인과법칙의 이치를 깨닫고 매일매일 부처님이라고 하는 거울 앞에 서서 자신을 비추어 보고 몸과 마음을 다시한번 추스르는 시간을 가져야겠습니다. 한 나라의 법은 평등하지 않을 수 있지만 부처님께서 깨달으신 인과의 법칙은 지위고하地位高下를 막론하고 누구에게나 평등합니다. 그 법칙은 인위적으로 만든 것이 아닌 진리이기 때문입니다.

계속해서 관세음보살의 공덕을 칭송하는 구체적인 게송의 내용을 살펴보겠습니다.

천 룡 중 성 동 자 호　　백 천 삼 매 돈 훈 수
天龍衆聖同慈護　　百千三昧頓熏修

수 지 신 시 광 명 당　　수 지 심 시 신 통 장
受持身是光明幢　　受持心是神通藏

처음의 **천룡중성동자호**를 글자 그대로 풀이하면 '하늘에 있는 천상 사람들과 용, 그리고 여러 성인들이 함께 자비로써 보호 한다'는 뜻이 됩니다. 관세음보살의 자비심이 너무 훌륭하니까 주위의 성인들도 가만히 있을 수 없다는 것입니다. 관세음보살이 자비심을 조금이라도 더 베풀 수 있기를 바라는 마음에 주위에서 보호하는 것입니다.

이어서 **백천삼매돈훈수**는 '백천 가지의 온갖 삼매를 한꺼번에 닦는다'는 말입니다. 무슨 일을 하든지 갈등 없이 일념으로 해야 합니다. 승가에서는 '전기생全機生 전기사全機死'라고 하여 '살 때도 철저히 살고, 죽을 때도 철저히 죽는다'는 말이 있습니다. 무슨 일이든 뿌리까지 철저히 하면 이루어지지 않을 일이 없습니다. 여기서 **훈**이라고 하는 것은 향을 피워 놓고 오래 앉아 있으면 그 향기가 몸이나 옷에 서서히 배어드는 것을 일컫는 말인데, 이 말은 곧 자기도 모르는 사이에 차츰차츰 수행이 쌓여가는 것을 이르는 말입니다. **백천삼매**는 어떤 일을 하든지 그것과 하나가 되어 마음을 비우고 철저히 하는 것을 이르는 말입니다.

결국 **백천삼매돈훈수**는 관음 대비주를 철저히 일념으로 독송하면 온갖 수행이 한꺼번에 닦여진다고 해석할 수 있습니다. 그래서 하는 일마다 걸림이 없이 잘 이루어지는 것입니다. 그것은 우리의 업장이 소멸되고 여러 성인의 보호 아래 수행이 닦여진 후에야 가능한 것입니다. 앞에서도 거듭 강조했듯이 『천수경』에서 관세음보살이 상징하는 것은 대비주인데, 이것을 넓은 의미로 생각하면 불법, 곧 정법과도 일맥상통하는 것임을 알 수 있습니다.

다음으로 **수지신시광명당**을 해석하면 '관세음보살의 대비주를 몸에 지니면 그것이 곧 광명의 깃발이 된다'고 풀이할 수 있습니다.

흔히 경전에 대한 공덕을 말할 때 서사書寫, 수지受持, 독송讀誦이 세 가지를 일컫는데, 여기에 한 가지 더 첨가하여 위인연설爲人演說을 할 수 있다면 최상의 공덕이 되는 것입니다.

서사란 경전을 베껴 쓰고 출판하는 것을 말하며, 수지란 경전을 몸에 잘 지니고 다니는 것을 이르는 말입니다. 또 독송은 경을 읽고 외우는 것을 말하며, 위인연설은 남을 위해 경전의 내용을 자세히 설명해 주는 것을 말합니다. 경전을 가지고 다니는 것만으로도 우리는 마음이 든든해지는데 거기에다 남을 위해 한 구절이라도 설명해 줄 수 있다면 그것은 최상의 공덕이 되는 것입니다. 경전을 대할 때 이 네 가지 중 최소한 하나는 반드시 수행해야 합니다.

엄밀히 말하자면 경전은 바로 부처님입니다. 왜냐하면 부처님의 정신, 부처님의 마음, 부처님의 뜨거운 가슴을 만날 수 있는 것은 바로 경전의 말씀이기 때문입니다. 우리가 불법을 만난다고 할 때 가장 이상적인 만남이 바로 경전의 가르침을 통해서 부처님과 만나는 것입니다. 그러한 만남이 곧 서사, 수지, 독송이며, 거기에 위인연설까지 더한다면 그것이 바로 최고의 복을 짓는 일인 것입니다.

여기서 **수지**라고 하는 것은 관세음보살의 대다라니를 수지하는 데서 한 차원 높여서 불법, 곧 부처님의 가르침을 받아 지니는 것을 뜻합니다. 또 **광명당**이라고 하는 것은 불법을 **수지**하는 그 자체가 바로 광명의 깃발을 드는 것이라는 뜻입니다.

불법을 가진 사람에게 어둠이란 없으며 더 이상의 고통이나 번뇌, 근심, 걱정, 문젯거리는 있을 수 없습니다. **광명**은 바로 희망차게 밝게 사는 삶 자체를 가리키는 말입니다. 삶의 부정적인 것, 온갖 고통, 뒤엉킨 상황들은 **광명**의 반대 의미로 어둠, 혹은 무명이라고 말합니다. 그러나 불법을 제대로 이해한 사람은 그 자신이 **광명**의 깃발이기 때문에 어둠은 존재할 수가 없는 것입니다. 밝은 등불을 들고 있으면 어둠은 찾을 수 없듯이 정법을 바로 이해하고 자기 것으로 만들었을 때는 삶의 부정적인 측면은 존재할 수 없는 것입니다. 불법을 지닌 사람은 마치 태양을 항상 몸에 가지고 있는 것과 같습니다.

불법을 마음에 제대로 지닌 사람은 가정에서나 사회에서나 그 밖의 어떤 관계에 있어서도 고뇌하거나 고통스럽지 않습니다. 왜냐하면 삶도 죽음도 떠나 있는 본래 생명의 실상을 바로 볼 수 있기 때문입니다. 우리는 이러한 사실에 대한 믿음과 이해, 그리고 자신감에 찬 확신이 섰을 때 비로소 불교를 믿고 이해한다고 할 수 있습니다. 불교교리를 잘 알고 염불이나 한문을 많이 안다고 해서 불교를 이해한다고 할 수는 없습니다.

인간 개개인의 본성은 관세음보살이나 부처님의 능력과 조금도 다를 바가 없습니다. 우리 자신들도 부처님과 똑같은 능력과 공덕과 빛과 진리 덩어리를 소유하고 있다는 사실을 깨달아야만 합니다. 우리가 그런 사실을 알지 못하는 것은 착각에 빠져 있기 때문입니다. 우리들 자신도 부처님과 똑같은 **광명**과 영원한 생명 덩어리입니다. 부처님의 무량한 생명과 한량없는 공덕이 곧 자기 자신 속에도 들어 있다는 사실을 깨닫는 것이 곧 불법을 바로 아는 것입니다. 인간이 발견한 많은 것 가운데 가장 위대한 것은 부처님께서 모든 인간들에게는 누구에게나 똑같이 영원한 생명과 빛과 진리가 빛나고 있다는 사실을 깨달은 것입니다.

'연성지벽連城之璧'이라고 하는 중국 고사에 나오는 유명한 이야기가 있습니다. 그 내용을 보면 다음과 같습니다.

몇 개의 고을과 바꿀 수 있을 만큼 값비싼 구슬이 돌 속에 있었는데, 그것을 알아보는 사람이 없었습니다. 그런데 어떤 사람이 그것을 발견하고 왕에게 바쳐 큰 고을을 얻으려고 했습니다. 그런데 왕에게 구슬의 귀함을 아무리 이야기해도 왕은 그것을 몰라보고 가짜라고 우기면서 그를 물리쳤습니다. 게다가 왕을 속였다고 해서 그 사람의 다리 하나를 잘라 버렸습니다. 그 다음 왕이 등극하자 그는 또 그 구슬을 바치면서 "이것은 겉보기에는 돌멩이에 지나지 않지만 그 속에는 엄청난 보물이 들어 있습니다"라고 말했으나 왕은 그 말을 듣지 않고 그 사람의 나머지 다리마저 잘라 버렸습니다. 다리 두 개가 다 잘리고 나서 세 번째 왕에게 바쳤을 때에야 비로소 구슬의 귀함을 알아보았습니다. 그래서 그 사람은 이후 몇 개의 성을 얻게 되었다고 합니다.

우리들의 모습 또한 이 이야기와 다를 바가 없습니다. 우리가 겉으로 보기에는 비록 늙고 젊고, 무식하고 유식하고, 못 배우고 많이 배우고, 잘 생기고 못 생기는 등의 차별이 있을지 몰라도 그러한 껍질을 벗고 자기 자신의 생명의 참 면목을 들여다보면 누구에게나 부처님과 같은 한량없는 빛과 생명과 진리와 신통과 만덕이 숨어 있음을 발견할 수 있습니다. 그것을 알고 그에 대한 확신과 자신감과 믿음을 가진 사람이 바로 불교를 제대로 알고 이해하는 사람입니다. 이것이 바로 부처님께서 발견한 최대의 깨달음인 것입니다. 부처님께서는 그것을 일깨워 주기 위해서 우리에게 팔만사천 가지의 방편을 설해 놓으신 것입니다.

우리는 흔히 '감로법甘露法'이라는 말을 쓰는데, 이것은 곧 생사를 초월한 불사법不死法인 것입니다. 불사의 가르침, 진리의 가르침을 깨달은 사람은 바로 감로를 받을 자격이 있습니다. 관세음보살이 감로병을 들고 있는 것은 바로 이러한 상징적인 의미가 숨어 있습니다. 자기 자신 속에 감로가 들어 있다는 사실을 아는 것이 바로 불법을 수지하는 일인 것입니다. 이처럼 『천수경』속에는 문제 해결의 지혜가 가득 들어 있습니다.

다음으로 **수지심시신통장**이란 '불법을 수지한 사람의 마음은 바로 신통의 창고와 같다'는 말입니다. **신통**이란 말 그대로 무엇이든 마음먹은 대로 잘 되는 것입니다. 불법을 가진 사람의 마음 속에는 온갖 **신통**의 변화가 그 사람의 마음 가운데 나타나는 것입니다. 다시 말하자면 불법을 마음에 지닌다는 것은 거대한 창고 속에 신통을 가득 채워 놓고 있는 것과 같습니다. 불법이란 바로 자기 자신이 가지고 있는 빛나는 보물에 대한 믿음, 이해, 확신인 것입니다. 그러한 보물을 손에 쥔 과일을 보듯이 육안으로 확연히 보는 것을 가리켜 견성見性이라고 하는 것입니다.

수지신시광명당과 **수지심시신통장**의 두 게송은『천수경』의 깊은 안목을 담고 있는 매우 중요한 구절입니다. 불교를 믿는다고 하는 사람은 누구나 **수지신시광명당**과 **수지심시신통장**이 되어야 합니다. 이 말은 결국 불자라면 어느 곳에 있든지 정신적 지도자가 되어야 한다는 것입니다.

부처님의 세 가지 몸 가운데 법신 비로자나불이 바로 **광명**을 나타내는 말입니다. **광명**은 바로 진리의 몸 그 자체를 가리킵니다. 만약 우리에게 **광명**이 없다면 아무것도 할 수 없을 것입니다. 진리는 우리의 삶 속에서 빛의 역할을 하기 때문에, 불법을 믿는 사람은 이 세상에서 빛의 역할, 즉 정신적인 지도자가 되어야 하는 것입니다. 가정에서나 사회에서 **광명**의 깃발을 높이 들고 미혹한 사람을 이끌어야 할 임무와 책임이 있는 것입니다. 말하자면 병든 사람에게 약을 처방해 줘야 할 중대한 책임이 불법을 믿는 우리에게 있는 것입니다.

부처님의 말씀이 좋은 것인 줄 알면 자신감을 갖고 이웃에게 전할 때 비로소 불제자로서의 의무를 다하는 것입니다. 부처님께서『법구경』에서 말씀하시기를, "잠 못 드는 사람에게 밤은 길고, 피곤한 나그네에게 길이 멀듯이, 진리를 모르는 사람에게 인생의 밤길은 길고 멀어라"라고 하셨습니다. 인생의 갈 길을 모르면 늘 불행하고 무거운 짐을 진 것처럼 보입니다. 그러나 인생의 진정한 가치를 알고 나면 하루하루가 보석처럼 빛나는 나날로 이어질 수 있습니다.

부처님께서는 항상 자기 자신의 존재에 대해 훤히 알라고 말씀하셨습니다. 자신의 존재에 대해 눈뜸은 곧 지혜로워지는 것이고, 그것은 삶을 윤택하게 하는 데 조금도 부족함이 없는 것입니다. 우리가 늘 대하는 『반야심경』이 바로 지혜의 완성이며, 그것은 곧 성불과 연결되는 것입니다.

계속해서 이어지는 게송의 내용을 풀이해 보겠습니다.

세 척 진 로 원 제 해　　초 증 보 리 방 편 문
洗滌塵勞願濟海　　超證菩提方便門

아 금 칭 송 서 귀 의　　소 원 종 심 실 원 만
我今稱誦誓歸依　　所願從心悉圓滿

처음의 **세척진로원제해**는 '온갖 번뇌와 망상, 갈등, 무명, 어둠을 씻어내고 소원하는 바를 모두 성취한다'는 뜻으로 해석할 수 있습니다. 그 동안 우리가 소원하는 바를 이루지 못했던 것은 결국 안 된다고 하는 부정적인 생각 때문입니다. 여기서 **진로**라고 하는 것은 온갖 고통, 눈물, 불안, 수고로운 것, 부정적인 것, 즉 앞에서 이야기했듯이 무명, 어둠을 나타내는 말입니다. 이러한 어둠은 내 속에 있는 광명을 찾지 못했기 때문에 나타나는 것입니다. 내 속에 있는 광명을 깨닫게 되면 모든 고통과 번뇌에서 해방되어 바라던 모든 소원이 이루어지는 것입니다.

다음으로 **초증보리방편문**은 '깨달음의 방편문을 한꺼번에 성취한다'는 뜻으로 풀이할 수 있습니다. 이 말은 곧 관음 대비주의 지혜를 잘 실천하면 궁극적인 깨달음을 성취할 수 있다는 뜻입니다. 그래서 흔히 불교를 깨달음의 가르침이라고 하는 것입니다.

계속해서 **아금칭송서귀의**는 '지금 내가 관음의 대비주를 칭송하고 맹세코 귀의한다'는 말입니다. 결국 관세음보살의 대비주를 마음 속에 늘 지니고 관세음보살의 자비에 귀의하는 일만이 자신의 존재를 바로 깨달을 수 있고 소원을 이룰 수 있다는 것입니다.

끝으로 **소원종심실원만**은 '원하는 바가 자신이 뜻하는 대로 모두 원만하게 된다'고 해석할 수 있습니다. 우리가 어떤 일을 하든지 확신에 찬 마음으로 한다면 무엇이든지 성취할 수 있습니다. 마찬가지로 막연히 희망적인 차원을 넘어서 뚜렷한 믿음이 담긴 확신을 갖고 있다면 우리가 원하는 바를 반드시 성취할 수 있는 것입니다.

이처럼 『천수경』에는 우리가 잘 수지 독송하기만 하면 그 속에 문제 해결의 지혜가 가득 담겨 있음을 알 수 있습니다. 앞에서도 여러 번 이야기했듯이 『천수경』은 관세음보살의 신앙심을 고취시키는 내용을 담고 있기 때문에 관세음보살의 대자대비한 모습과 신통력, 그에 대한 서원을 주로 표현하고 있습니다.

어느 종교든 믿음이라고 하는 것은 대단히 중요한 문제입니다. 그래서 불교에서는 막연히 믿는다는 표현 대신에 '신심信心'이라는 말로 실천을 통하여 지혜로운 사람이 되고자 노력하는 수행과정을 귀중하게 생각합니다. 이처럼 『천수경』은 특히 믿음과 관계가 깊은 경전입니다.

지혜의 배를 타고 행복의 나라로

그럼 지금부터 대자대비한 관세음보살께 귀의하면서 열 가지 서원을 발하는 내용을 자세하게 살펴보기로 하겠습니다.

나 무 대 비 관 세 음　원 아 속 지 일 체 법
南無大悲觀世音　願我速知一切法

나 무 대 비 관 세 음　원 아 조 득 지 혜 안
南無大悲觀世音　願我早得智慧眼

나 무 대 비 관 세 음　원 아 속 도 일 체 중
南無大悲觀世音　願我速度一切衆

나 무 대 비 관 세 음　원 아 조 득 선 방 편
南無大悲觀世音　願我早得善方便

나 무 대 비 관 세 음　원 아 속 승 반 야 선
南無大悲觀世音 願我速乘般若船

나 무 대 비 관 세 음　원 아 조 득 월 고 해
南無大悲觀世音 願我早得越苦海

나 무 대 비 관 세 음　원 아 속 득 계 정 도
南無大悲觀世音 願我速得戒定道

나 무 대 비 관 세 음　원 아 조 등 원 적 산
南無大悲觀世音 願我早登圓寂山

나 무 대 비 관 세 음　원 아 속 회 무 위 사
南無大悲觀世音 願我速會無爲舍

나 무 대 비 관 세 음　원 아 조 동 법 성 신
南無大悲觀世音 願我早同法性身

이상은 불자라면 누구나 소망하는 기본적인 마음가짐을 표현한 열 가지 큰 원으로서, 그 하나하나가 독립된 뜻을 갖고 있으면서 자세히 관찰해 보면 그것이 서로서로 연결되어 있음을 알 수 있습니다. 또 문장의 구성상으로 보면 먼저 '속速' 자가 나오고 다음으로 '조早' 자가 연결되어 계속 반복되어 있는데 그 뜻은 같습니다.

먼저, 거듭 반복해서 나오는 **나무대비관세음**은 '대자대비하신 관세음보살께 귀의하여 받든다'는 의미를 담고 있습니다. 여기서 **나무**라는 것은 단순히 귀의하는 것이 아니라 '귀의하여 받든다'는 뜻이 담겨 있습니다. 귀의하여 받드는 데는 그만한 이유가 있습니다.

맨 처음에 나오는 첫 번째 원은 **원아속지일체법**인데, 그 뜻은 '내가 일체의 모든 법을 빨리 알도록 해 주십시오'라고 해석할 수 있습니다. 자기 자신이 알고자 하는 것 중에서도 법의 세계는 가장 먼저 알아야 할 중요한 것입니다. 여기서 **법**이라고 하는 것은 '진리'를 이르는 말로서 불교를 믿고 불자로서의 삶을 살아가기 위한 첫째 조건이 바로 진리의 세계에 들어가는 것입니다.

이렇게 법을 알고 난 다음에라야 두 번째의 원이 이루어지는데, 그것은 바로 **원아조득지혜안**입니다. '내가 지혜의 눈을 빨리 뜨게 해 주십시오'라고 풀이할 수 있습니다. 우리의 어려움과 고통도 지혜의 눈을 뜨고 보면 어둠이 걷히듯 사라집니다. 흔히 불교를 자비의 종교라고 하지만 엄밀히 말하면 불교는 자비보다 지혜가 우선하는 종교입니다. 지혜가 앞서지 않으면 단순히 감정적이거나 자기중심적인 것으로 치우치고 마는 것입니다.

예를 들어 부모자식 간에도 자녀 중심으로 해야 할 일을 부모의 욕심이 중심이 되어 행하는 경우가 많습니다. 그것은 결국 지혜가 부족하기 때문입니다. 우리가 무엇을 베푼다고 할 때 자기중심적으로 베풀어서는 안 됩니다. 받는 사람이 중심이 되어 그가 무엇이 필요하며 무엇이 그에게 이로운가를 바로 보는 지혜의 안목이 앞서야 합니다.

부처님께서는 거듭 지혜를 강조하셨고 지혜가 선행된 자비를 행해야 비로소 그 자비도 올바른 것이라고 말씀하셨습니다. 여기서 한 가지 간과해서는 안 될 중요한 문제로서 지식과 지혜는 엄밀히 구별해야 합니다. 지식이 단순한 알음알이라면 지혜는 지식과는 차원이 다른 마음공부인 것입니다.

불교를 믿는 불자라면 누구나 지혜의 눈을 뜨는 마음공부를 게을리하지 말아야 합니다. 법을 알고 지혜의 눈을 뜬 자는 어떠한 곤경이나 어려움, 불행에 처하게 되더라도 계속해서 그 속에 빠져 있지는 않습니다.

세 번째 원으로 **원아속도일체중**은 '내가 모든 사람들을 빨리 제도하게 해 주십시오'라는 뜻이 담겨 있습니다. 여기서 제도한다는 것은 모든 고난, 어려움, 불행 등의 문젯거리를 해결해 준다는 의미로 받아들여야 합니다. 중생의 궁극 목표가 생사해탈에 있다고는 하지만, 그렇게 되기까지 해결해야 할 많은 문제가 우리 앞에 놓여 있습니다. 그러한 잡다한 일상적인 문제를 해결하는 것이 결국 제도인 것입니다.

네 번째 원으로 **원아조득선방편**은 '내가 좋은 방편을 빨리 얻도록 해 주십시오'라고 해석할 수 있습니다. 불교에서는 **방편**이란 말을 많이 사용합니다. 그 **방편**은 좋은 결과를 가져오기 위한 하나의 수단에 불과합니다. 하지만 이 **방편**은 잘못 사용하면 악행이 되는 경우도 흔히 있습니다.

부처님께서도 중생을 제도하기 위해 많은 **방편**을 쓰셨는데, 방편을 비유한 말로서 강을 건너기 위한 뗏목을 예로 들어 설명하고 있습니다. 강을 건너기 위해서는 뗏목이 반드시 필요하지만 뗏목 그 자체가 목적은 아닙니다. 뗏목이 아무리 좋고 그것이 즐거운 일일지라도 뗏목을 탔으면 반드시 강을 건너야 합니다.

주위에서 불교에 입문하여서도 강을 건널 생각은 않고 그저 뗏목만 타고 주저앉아 물놀이만 즐기는 사람을 흔히 볼 수 있습니다. 강을 건너야 한다는 생각을 잊어버린 사람에게 더 이상의 진보는 기대할 수 없습니다.

우리가 불법과 인연을 맺어서 부처님과 같은 높은 인격자가 되기 위해 한 걸음 한 걸음 나아가려면 방편에 얽매이지 말고, 강을 건넜으면 미련없이 뗏목을 버려야 합니다. 뗏목이 강을 건너게 하는 데 꼭 필요했다고 해서 강을 건넌 후에도 계속해서 그것을 짊어지고 다녀서는 안 됩니다. 우리는 각자의 환경이나 처지에 따라 그 뗏목에 해당하는 **방편**이 무엇인지 살필 줄 아는 안목이 필요하며, **방편** 중에서도 좋은 **방편**을 얻도록 노력해야 합니다. 배를 탄 목적은 건너편 언덕에 다다르는 것인데, 해가 저물었다고 해서 다시 돌아와서는 안 될 것입니다.

다음으로 다섯 번째 원에 해당하는 **원아속승반야선**은 '내가 반야의 배를 빨리 타게 해 주십시오'라는 의미가 담겨 있습니다. 여기서 **반야**는 지혜라는 말로 바꿀 수 있는데, 단순한 지혜가 아니라 투철한 안목이 담겨 있는 지혜를 말합니다. 49재를 지낼 때 '반야용선般若龍船'이라고 해서 종이로 작은 배를 만들어 달아놓는 경우가 있습니다. 어떤 사람들은 그런 미신적인 것을 왜 하느냐고 말하는데, 거기에는 상징적인 의미가 담겨 있습니다. 그런 의식을 통해 업장이 소멸되고 참으로 지혜의 배를 타고 저 언덕을 건너가 진리의 눈을 뜨는 계기를 만드는 데 의의가 있습니다. 그런 행사에 참여할 때 의식 속에 담겨진 의미를 제대로 깨달을 줄 알아야 합니다.

여섯 번째 원으로 **원아조득월고해**는 '내가 괴로움의 바다를 빨리 건너가게 해 주십시오'라고 해석할 수 있습니다. 흔히 고苦라고 할 때 사고팔고四苦八苦를 말하지만 여기서 괴로움의 바다는 곧 문제의식을 말합니다.

세상을 살다 보면 누구에게나 수많은 문제가 복잡하게 얽히게 마련입니다. 가까이는 자신의 문제, 가정, 사회, 나아가서 세계 전체를 두고 볼 때 도처에 문젯거리가 산적해 있습니다. 이 모든 문제가 결국 고인 것입니다. 이러한 모든 고통을 해결하여 진정한 행복을 얻기 위해서는 지혜라는 열쇠로 풀어야 합니다. 그 밖에 다른 길은 없습니다. 그렇기 때문에 지혜의 배를 타고 고통의 바다를 건너간다는 말로 표현하고 있는 것입니다.

일곱 번째 원은 **원아속득계정도**인데 그 뜻은 '내가 계와 정의 길을 빨리 가게 해 주십시오'라고 풀이할 수 있습니다. **계**戒라고 하면 오계, 십계 등 하지 말라는 것으로 일관되어 있습니다. 그러나 현대적 의미로 해석한다면 자신이 현재 처해 있는 상황에서 필요로 하는 윤리와 도덕과 질서를 지키는 것이 **계**의 진정한 뜻입니다. 흔히 **계**의 뜻을 잘못 받아들여 경전에 적힌 제목에 너무 얽매이는 경우가 있습니다. 문제될 것을 문제 삼아서 융통성 있게 해석하는 지혜가 필요하리라고 생각합니다.

계를 잘 지키는 사람은 결국 마음의 안정인 **정**定의 세계에 들수 있습니다. 여기에는 생략되었지만 **정**이 이루어지면 그 다음 단계로 가장 높은 경지인 **혜**慧, 즉 지혜가 열리는 것입니다. 계·

정·혜, 이 셋을 합하여 삼학三學이라고 하여 불교공부의 아주 중요한 과목으로 삼고 있습니다.

여덟 번째 원은 **원아조등원적산**인데, 그것은 '내가 원만하고 고요한 산에 빨리 오르도록 해 주십시오'라는 뜻이 담겨 있습니다. 여기서 **원적산**은 철저히 고요해진 자리, 즉 열반에 이르는 것을 말합니다. 다시 말해서 온갖 무명과 어둠, 탐·진·치 삼독 등이 완전히 뿌리 뽑혀서 소멸된 상태를 가리키는 말입니다. 우리가 하는 일거수일투족一擧手一投足이 지혜로 이어져 번뇌가 사라진 완전히 고요한 상태가 열반의 경지인 것입니다.

아홉 번째 원으로 **원아속회무위사**는 '원컨대 내가 아무것도 함이 없는 집에 빨리 모이도록 해 주십시오'라고 해석할 수 있습니다. **무위사**는 무엇을 해도 무엇을 했다는 마음의 흔적이 없는 상태를 나타내는 말입니다. 결국 마음이 철저히 고요해지면 행함이 있어도 무위의 경지에 도달하는 것입니다.

끝으로 열 번째 원은 **원아조동법성신**인데, 그 뜻은 '내가 법성의 몸과 같게 해 주십시오'라고 해석할 수 있습니다. 여기서 **법성**은 진리를 가리키는 말입니다. 이 원은 앞의 아홉 단계의 원을 모두 성취하게 되면 끝에 가서는 자기 자신이 진리화되어 버린다는 뜻입니다. 진리화가 된다고 해서 몸을 바꾸어서 이상한 몸을 받게 되는 것이 아니라 자신의 몸 그 자체가 진리 덩어리이므로 그 자체로서 진리의 몸이 되는 것입니다. 다시 말해서 오온이라는 거짓 껍데기로 얼룩져 있는 것을 말끔히 벗어버리고 본래의 진리 모습으로 돌아오는 것입니다.

불교의 핵심은 바로 자기 자신이 부처임을 깨닫는 일이며, 그것을 믿는 것입니다. 불교는 부처에서 시작하여 부처로 끝난다고 해도 과언이 아닙니다. 여기서 부처란 바로 진리 그 자체를 발견하는 일입니다.

우리는 자신이 곧 부처라는 본래의 모습을 망각한 채 살아왔습니다. 그러나 태양이 비록 구름에 가려 있다고 해도 태양으로서의 가치는 그대로 존재하는 것처럼 우리 속에 내재해 있는 위대한 생명은 아무리 거짓 껍데기에 덮여 있어도 변함이 없는 것이며, 가치가 사라지지 않습니다. 자기 자신이 곧 부처라는 가르침보다 더 존귀한 가르침은 없습니다.

우리 자신이 진리의 몸이라는 사실은 부처님이나 관세음보살과 조금도 다르지 않습니다. 마치 컵에 물을 부으면 컵의 모양대로 형성되는 것과 같습니다. 원래의 물 그 자체는 변함이 없습니다. 물을 담는 그릇 모양은 우리가 지은 업대로 형성되는 것입니다. 현재 진행 중인 업의 모습대로 우리의 **법성신**을 담고 있을 뿐입니다. 그러한 모양이나 형상에 속아서 거기에 매달려 발버둥치고 있습니다.

우리의 진짜 불성은 한정되고 고정된 실체가 아니라 아무 걸림이 없는 영원한 것입니다. 그러므로 생사해탈이 가능하고 불생불멸도 가능한 것입니다. 우리의 자성自性은 생겨남도 없고 사라지지도 않는 것입니다.

불교를 공부하는 사람은 이러한 근본정신이 철저히 바탕에 깔려 있어야 합니다. 그 정신이 깊이 뿌리내리지 않으면 다른 문제

들을 해결할 수 없습니다. 진리에 대한 확신, 그것은 곧 자성자리를 찾는 열쇠입니다. 이 열쇠로 모든 문제를 다 열고, 다 풀 수 있습니다. 불교를 믿는다고 하면 자신이 곧 부처라는 인식으로 걸림 없이 당당하게 걸어 나가야 할 것입니다.

관세음보살의 열 가지 서원 중에서 맨 마지막인 **원아조동법성신**의 의미를 통해 흙덩어리인 줄 알았던 자신의 몸이 금덩어리라는 사실을 깨달았습니다. 그러나 너무나 오랫동안 자신이 흙덩어리인 줄 알고 살아왔기 때문에 쉽게 금덩어리라는 사실을 믿으려고 하지 않는 것입니다. 중생이 중생 노릇만 거듭 되풀이하는 까닭이 바로 이런 점에 있다고 할 수 있습니다.

앞에서 말한 열 가지 서원에 이어 다음에 나오는 것은 서원의 극치를 이루는 대목입니다.

아 약 향 도 산　도 산 자 최 절
我若向刀山　刀山自摧折

아 약 향 화 탕　화 탕 자 소 멸
我若向火湯　火湯自消滅

아 약 향 지 옥　지 옥 자 고 갈
我若向地獄　地獄自枯渴

아 약 향 아 귀　아 귀 자 포 만
我若向餓鬼　餓鬼自飽滿

아 약 향 수 라　악 심 자 조 복
我若向修羅　惡心自調伏

아 약 향 축 생   자 득 대 지 혜
我若向畜生　自得大智慧

　　맨 처음에 나오는 **아약향도산 도산자최절**을 글자 그대로 해석
하면 '내가 만약 칼산을 향해 나아간다면 칼산은 저절로 무너지
고 만다'는 뜻이 됩니다. 여기서 '칼산'은 험난한 인생역정을 나
타내는 말입니다. 어떻게 보면 우리의 인생살이는 고난과 어려
움의 연속이라고 해도 과언이 아닙니다. 칼산을 딛는 아픔보다
더욱 쓰라린 인생의 체험을 누구나 다 겪게 마련입니다. 그런데
그러한 삶을 만났다 하더라도 그 칼산은 저절로 무너져 버린다
는 것입니다.

　　어떻게 해서 그럴 수 있을까요? 그것은 바로 자기 자신이 **법
성신**法性身이 되었기 때문에 가능합니다. 자기 자신이 진짜 금덩
어리임을 알았을 때 우리의 본성은 허망한 육신이 아니라 참다
운 생명이 육신 속에 존재함을 자각하게 되는 것입니다. 우리의
육신이 그대로 불성佛性임을 이해한다면 그 어떤 삶의 고난도,
어려움도 그 앞에서는 다 소멸되어 버리고 마는 것입니다.

　　자기 자신은 참으로 귀중한 존재입니다. 자기 자신의 생명은
부처님의 생명과 조금도 다를 바가 없습니다. 자기 자신의 공덕
은 부처님의 한량없는 공덕과 조금도 다를 바가 없습니다. 자기
자신의 지혜와 자비는 부처님의 대자대비와 조금도 차이가 있을
수 없는 것입니다. 부처님의 실상이 곧 자신의 참모습입니다. 그
러한 사실을 확실하게 믿고 그대로 실천한다면 그 사람에게는

어떤 불행도 존재할 수 없습니다. 설사 칼산과 같은 불행을 만난다 할지라도 그 사람에게는 이미 칼산이 아닌 것입니다. 다시 말해서 자신의 귀중함과 보배로움이 부처님과 다를 바가 없다는 사실에 대해 확신을 갖는다면 불행은 이미 고통이 아닙니다.

그것은 하늘의 태양에 비유될 수 있습니다. 우리의 본성을 태양이라고 한다면 태양을 가리는 구름이 몇 조각 있다고 해도 태양에게는 그것이 아무런 방해의 존재가 되지 않습니다. 태양은 여전히 빛나고 있을 뿐입니다. 마찬가지로 우리의 본래면목은 태양처럼 밝고 한량없는 존재이기 때문에 조그마한 어려움은 문제가 되지 않는 것입니다. 자신이 고통스러운 존재라고 인정하려는 데서 문제가 생기는 것입니다. 우리의 본성이 저 태양처럼 빛나고 있다는 사실을 인정하여 확신에 찬 믿음을 갖고 살아간다면 다른 어떤 것도 문젯거리가 되지 않습니다.

이러한 사실에 대한 발견과 믿음이 불교의 생명이며, 불교를 믿는 중요한 가치가 바로 여기에 있습니다. 그 다음으로 이어지는 구절도 같은 맥락에서 이해할 수 있습니다.

계속해서 **아약향화탕 화탕자소멸**을 풀이하면 '내가 만약 화탕의 지옥을 향해 나아간다면 화탕지옥이 저절로 소멸된다'는 뜻이 됩니다. 앞에서도 강조했듯이 자기 자신이 **법성신**이 되었기 때문에 이미 그 사람에게는 화탕의 지옥은 존재하지 않습니다. 그렇기 때문에 화탕지옥은 저절로 없어지고 마는 것입니다. 구름이 아무리 많다고 해도 태양을 가릴 수 없는 것과 같은 이치입니다. 우리 자신 속에 내재해 있는 부처님의 생명은 우리의 삶에서 바로 저 태양과 구름과의 관계에 비유될 수 있습니다.

다음으로 **아약향지옥 지옥자고갈**을 글자 그대로 해석하면 '내가 만약 지옥을 향하여 나아간다면 지옥이 저절로 말라서 없어진다'는 뜻이 됩니다.

계속 이어지는 **아약향아귀 아귀자포만**은 '내가 만약 아귀가 있는 곳을 향하여 나아간다면 굶주린 아귀가 저절로 배가 불러진다'로 해석할 수 있습니다.

또 **아약향수라 악심자조복**은 '내가 만약 아수라와 같은 세계를 향해 나아간다면 악한 마음은 저절로 항복받게 된다'는 뜻으로 풀이할 수 있습니다.

끝으로 **아약향축생 자득대지혜**를 풀이하면 '내가 만약 축생의 세계를 향해 나아간다면 축생이 스스로 큰 지혜를 얻게 된다'가 됩니다. 축생이 큰 지혜를 얻으면 이미 축생이라고 할 수 없는 것입니다.

여기서 축생이라고 하는 것은 개나 돼지를 뜻하는 것이 아니라 축생보다도 못한 짓을 하는 자를 가리킵니다. 어리석은 인간은 축생보다 못한 경우도 많습니다. 경전을 읽을 때는 이렇게 우리의 인간 생활과 관련지어 생각해 보아야 합니다. 그래야 현실성 있는 불교를 믿을 수 있습니다. 경전을 읽고 외우더라도 입술 위에서 그치지 말고 그 속에 담긴 진정한 뜻이 무엇인가를 음미하면서 새겨 읽어야 새롭게 우리의 가슴에 와 닿는 것이 될 수 있을 것입니다.

이처럼 불가능한 일이 가능하게 되는 것은 우리의 자성自性이 부처님의 본성과 다를 바가 없다는 사실에 대한 믿음과 이해와 실천이 있기 때문입니다.

우리가 예불이 끝나고 읽는 행선축원에도 이와 유사한 간절한 서원이 있습니다. 그것은 '문아명자 면삼도聞我名者 免三道 견아형자 득해탈見我形者 得解脫'이라는 것입니다. 그 뜻을 새겨보면 '내 이름만 들어도 지옥, 아귀, 축생의 삼도가 면해지고, 내 형상을 보기만 하여도 해탈을 얻는다'고 풀이할 수 있습니다. 말하자면 그처럼 훌륭한 인격자가 될 수 있도록 해 달라는 지극한 서원인 것입니다.

불교는 깨달은 성인이 만든 것이므로 서원도 보통 사람의 상식을 초월하는 표현을 씁니다. 그런 표현들은 그것이 깨달은 분들의 가르침이고 부처님의 가르침이기 때문에 가능합니다. 우리는 이러한 사실을 아는 것만으로 끝나서는 안 됩니다. 아는 것에만 치중하다 보면 믿음이 소홀해지기 쉽고, 너무 맹목적으로 믿기만 하고 아는 것을 소홀히 해도 좋은 믿음을 가질 수 없습니다. 믿음과 지식을 조심스럽게 보강하면서 서로 조화롭게 해야만 올바른 신행이 될 수 있습니다. 결국 올바른 신행이라고 하는 것은 맹목적으로 부처님만 믿는 것이 아니라 지혜로써 진정한 문제해결의 열쇠를 쥐는 것입니다.

그러면 계속해서 관세음보살의 열 가지 다른 이름에 대해 살펴보기로 하겠습니다.

나 무 관 세 음 보 살 마 하 살
南無觀世音菩薩摩訶薩

나 무 대 세 지 보 살 마 하 살
南無大勢至菩薩摩訶薩

나 무 천 수 보 살 마 하 살
南無千手菩薩摩訶薩

나 무 여 의 륜 보 살 마 하 살
南無如意輪菩薩摩訶薩

나 무 대 륜 보 살 마 하 살
南無大輪菩薩摩訶薩

나 무 관 자 재 보 살 마 하 살
南無觀自在菩薩摩訶薩

나 무 정 취 보 살 마 하 살
南無正趣菩薩摩訶薩

나 무 만 월 보 살 마 하 살
南無滿月菩薩摩訶薩

나 무 수 월 보 살 마 하 살
南無水月菩薩摩訶薩

나 무 군 다 리 보 살 마 하 살
南無軍茶利菩薩摩訶薩

나 무 십 일 면 보 살 마 하 살
南無十一面菩薩摩訶薩

나 무 제 대 보 살 마 하 살
南無諸大菩薩摩訶薩

「나 무 본 사 아 미 타 불
南無本師阿彌陀佛」(3번)

경전에서는 관세음보살의 이름을 마흔 두 가지로 표현하고 있습니다. 누구에게나 경우와 역할에 따라 여러 가지 이름으로 불릴 수 있는 것처럼 관세음보살도 능력과 자비와 복력에 따라 여러 가지 이름이 있습니다.

맨 앞에 나오는 관세음보살과 두 번째의 대세지보살은 아미타불의 좌우보처의 관계에 있습니다. 마지막에 가서 앞에 나온 모든 이름을 뭉뚱그려서 **제대보살마하살**에게 귀의하고, 맨 끝으로 근본이 되는 스승이신 아미타불에게 귀의하는 것입니다. 그것은 관세음보살의 뿌리는 아미타불에게서 나왔기 때문입니다.

여기서 **보살**이란 용어의 의미를 잠깐 되새겨 볼 필요가 있습니다. **보살**의 원래 이름은 '보리살타菩提薩埵'인데 줄여서 그냥 보살이라고 부릅니다. **보살**은 각유정覺有情이라고 해서 깨달은 분으로, 한편으로는 깨달음을 향하지만 다른 한편으로는 중생의 고통을 함께 나누려는 마음을 갖고 있는 분입니다. 말하자면 '상구보리 하화중생上求菩提 下化衆生'을 지향하는 대승불교의 대표되는 이름입니다. 위로는 부처님처럼 되고자 하지만 아래로는 힘을 필요로 하는 모든 이웃을 돌보아야 한다는 두 가지 마음을 갖고 그 일을 하는 사람이 바로 **보살**입니다.

우리나라에서는 관습상 흔히 여자 신도를 **보살**이라고 부르는 데 대승적 입장에서 볼 때 승속을 막론하고 불자 전체를 이르는 말이므로 결코 잘못된 것은 아닙니다. **보살**은 한편으로는 자신의 마음을 밝히고 수양하지만 다른 한편으로는 남을 도와주는 입장이 되어야 합니다. 불자라면 누구나 이런 **보살**의 의미에 충실해야 합니다. 눈을 잘 뜨고 보면 도처에 **보살**이 행해야 할 일들이 널려 있습니다. 우리는 심음으로써 거둬들이고 베풂으로써 받는다는 사실을 인식하여 공덕을 닦고 실천하는 보살행을 게을리하지 말아야겠습니다.

여기서 또 **마하살**이란 '대보살'이란 뜻입니다. 우리는 누구나 공덕과 지혜를 향해 대보살의 경지에 도달해야 할 것입니다.

위신력 나투시는 성스러운 분이시여

신묘장구대다라니神妙章句大陀羅尼

앞에서 관세음보살의 열 가지 이름과 서원을 살펴보았습니다.

그럼 지금부터는 『천수경』의 가장 핵심이 되는 〈신묘장구대다라니〉의 내용을 설명해 보기로 하겠습니다.

〈신묘장구대다라니〉는 관세음보살의 위신력, 지혜, 자비, 과거의 행적 등 여러 가지 모습이 담긴 『천수경』의 심장부에 해당됩니다. 즉 『천수경』의 핵심이며 안목을 나타낸 부분이 바로 〈신묘장구대다라니〉인 것입니다. 말하자면 관세음보살의 온갖 숨겨진 비밀과 내력을 하나하나 들추어내는 것입니다. 결국 『천수경』이란 경전은 다라니로 집약된다고 할 수 있습니다.

다라니의 내용을 잘 이해한다면 관세음보살이 과연 어떤 분인가를 가장 잘 알 수 있게 됩니다. 왜냐하면 이 다라니 속에는 관세음보살에 대한 모든 것들이 담겨져 있기 때문입니다.

다라니를 자꾸 외우면 '불망염지不忘念智'의 지혜를 얻는다는 이야기가 있습니다. 말하자면 어떤 것이든 한 번 들으면 잊어버리지 않는 지혜를 증득하게 되는 것입니다.

한국의 고승이신 경허 큰스님의 제자로 수월水月 스님이란 분이 계셨습니다. 수월 스님은 일자무식꾼으로 글자도 제대로 읽지 못했습니다. 그런데 〈신묘장구대다라니〉를 열심히 외운 결과 불망염지의 영험을 얻었습니다. 그래서 수월 스님은 정초에 절을 찾아오는 신도들이 가족사항을 말하면 축원카드도 적지 않고 그냥 외워버렸다고 합니다.

이처럼 다라니를 자꾸 염불하면, 무엇이든 한 번 들으면 기억하는 신비한 힘을 얻을 수도 있다고 전해집니다.

〈신묘장구대다라니〉를 글자 그대로 풀이하면 '중생들의 소견으로는 측량하기 힘든 신기하고 미묘하며 불가사의한 내용을 담고 있는 큰 다라니'라는 뜻입니다. 다라니 속에는 그러한 힘과 신비와 능력을 갖추고 있습니다. 다라니란 앞에서도 설명했듯이 그 속에 모든 것을 다 감추고 있고 모든 뜻을 다 지녔다고 해서 '총지總持'라고도 번역되는 범어입니다.

그런데 이 범어로 된 다라니를 한문으로 음사音寫하는 과정에서 중국식 발음으로 변형되었고, 그것이 다시 우리말화되는 과정에서 처음 범어와는 차이가 생기게 된 것입니다. 말하자면 다라니는 변형된 범어입니다. 예를 들면 똑같은 영어를 두고서도 중국, 일본, 한국 사람의 발음이 조금씩 다른 것과 같은 이치입니다.

그렇기 때문에 지금 우리가 읽고 외우고 있는 이 다라니는 발음에서뿐만 아니라 띄어쓰기에서도 잘못 표기된 곳이 있습니다. 그러나 오랜 세월 동안 내려온 습관을 하루아침에 고치기란 몹시 어려운 일이므로 여기서는 그 차이점을 조금씩 짚어가면서 그 뜻을 새겨 보도록 하겠습니다.

또 한 가지 언급하고 싶은 것은 다라니의 뜻을 완벽하게 해석하기란 불가능한 일입니다. 우리가 다라니나 진언을 풀이하지 않는 이유 중의 하나는 잘못 해석해 버리면 오히려 본래의 뜻과는 영 멀어져 버리기 때문입니다. 그러나 이런 기회를 통해 다라니의 뜻을 어느 정도라도 이해하고 『천수경』을 대한다면 오히려 깊은 신심을 가질 수 있으리라 생각합니다.

그런 의미에서 다라니의 구절구절을 낱낱이 짚어가면서 그 뜻을 새겨 보도록 하겠습니다.

나모라 다나다라 야야 나막알약 바로기제 새바라야 모지 사다바야 마하 사다바야 마하가로 니가야 옴 살바 바예수 다라나 가라야 다사명 나막까리 다바 이맘알야 바로기제 새바라 다바

우선 여기까지의 내용을 살펴보기로 하겠습니다.

맨 처음에 나오는 **나모라 다나다라 야야**는 나모 라다나 다라

야야라고 띄어 읽어야 뜻이 통합니다. **나모**는 '귀의하여 받든다' 는 뜻으로 여러 번 나오는 단어인데 **나무**와 같은 뜻입니다. 간혹 **나막**이라고 표기된 곳도 있습니다. 그 귀의하는 대상으로 **라다 나**는 '보배'라는 뜻이며, **다라야야**의 **다라야**는 '삼三'이란 뜻이고 그 끝에 붙은 **야**는 '~에게'라는 위격爲格조사입니다. 그래서 이 단어들을 한데 붙여 해석해 보면 '삼보께 귀의합니다'가 됩니다.

우리가 법회를 시작할 때 맨 먼저 삼귀의三歸依를 하듯이 여기 서도 삼보에 대한 예경을 가장 중요하게 생각하여 맨 앞에 둔 것 입니다. 예경처럼 좋은 일도 이 세상에는 없을 것입니다. 우리가 어떤 일에 임하든 삼보께 귀의하여 예경하는 마음으로 살아간다 면 어떤 어려움도 극복할 수 있을 것입니다. 삼보라고 하여 굳이 절에만 국한시키지 말고 넓은 안목으로 우리가 일상으로 대하는 가족이나 형제, 이웃 등을 모두 삼보의 범주에 넣어 생각할 수 있습니다. 우리의 일상생활을 삼보께 예경하듯 살아간다면 아무 런 문제도 일어나지 않을 것입니다. 또 해결하지 못할 일도 없을 것이며, 그것보다 더 큰 공덕은 없을 것입니다.

『화엄경』에서도 부처님의 수미산 같은 위대한 공덕을 설명해 놓고 그 공덕을 자기의 것으로 하려면 열 가지 행원을 닦아야 하 는데 그 첫 번째로 예경의 행원을 강조했습니다. 서로 불화不和 의 관계에 놓여 있는 사이라면 더욱더 부처님께 예경하는 마음 으로 상대편을 대해야 합니다. 그렇게 하면 문제는 간단히 해결 될 것입니다.

우리가 불교를 배우는 목적 가운데 하나는 괴로움에서 벗어나

행복을 얻고자 하는 이고득락離苦得樂에 있습니다. 그래서 보다 발전된 삶을 영위하고자 하는 것이 부처님께서 이 세상에 오신 목적이고 불교가 존재하는 이유입니다. 괴로움을 떠난다고 하는 사실은 문제해결의 열쇠가 됩니다. 불교를 공부하면서 방편이야 어찌 되었든 간에 문제해결의 열쇠를 가지는 게 우선되어야 합니다.

갈등관계에 있는 사람에게 직접 예경하기가 어렵다면 상대방의 사진이나 이름을 붙여 놓고 부처님께 예경하듯 정성스럽게 예경해 보는 것도 좋은 방법이 될 것입니다. 만물의 영장인 인간이 한번 마음 쓰는 일은 알게 모르게 곳곳에 그 영향력이 미치는 것입니다. 부처님이나 관세음보살을 닮아가려면 그 첫째 조건이 바로 예경을 생활화하는 것입니다. 그 누구를 막론하고 부처님을 대하듯 하는 태도와 인품이 선행되어야 할 것입니다.

한 가지 예로 아파트에 사는 사람이라면 늘 대하는 경비원에게 인사하는 습관부터 들여야 할 것입니다. 비록 작은 일이지만 그 일로 인해 우리의 공덕이 쌓여가는 것입니다. 무디어진 자신의 칼을 날카롭게 갈아서 빛낼 수 있는 숫돌은 굳이 절이 아니더라도 우리 주변에서 쉽게 찾을 수 있습니다.

다음으로 **나막알약 바로기제 새바라야 모지 사다바야**는 **나막 알약 바로기제새바라야 모지 사다바야**로 띄어 읽어야 합니다. 여기서 **나막**은 **나모**와 같은 말로 '귀의하여 받든다'는 뜻입니다. 결국 **나모, 나무, 나막**은 같은 말인데 표기 과정에서 변형된 것으로 생각할 수 있습니다.

알약 바로기제새바라야는 원래는 **아발로기테스와라야**인데 관세음보살의 이름입니다. **알약**은 '성스럽다'는 뜻이고, **바로기제새바라**는 아발로키테스와라, 즉 '관자재'로 번역되는데 관세음보살의 다른 이름입니다. 끝에 붙은 **야**는 '~에게'의 뜻이니 이 문장은 '성스러운 관자재에게'가 됩니다.

계속해서 **모지**는 '보리'라는 뜻이고, **사다바**는 '살타'이므로 **모지 사다바**는 '보리살타', 즉 '보살'이란 뜻입니다. **야**는 '~에게'라는 뜻의 위격조사입니다. 그러므로 **나막 알약 바로기제새바라야 모지 사다바야**는 '성스러운 관자재보살에게 귀의합니다'라는 뜻이 됩니다.

마하 사다바야를 풀이해 보면, **마하**는 '크다'는 뜻이고, **사다바**는 '보살'의 뜻이며 야는 위격조사이므로 이 단어들을 합하여 보면 '대보살에게'가 됩니다.

마하가로 니가야는 **마하 가로니가야**로 띄어 읽어야 하며, 원래는 **마하 까로니까야**입니다. **마하**는 '대大'이며 **가로니가**는 '비悲'입니다. **마하 가로니가**는 대비大悲이니, 결국 대자대비한 관세음보살의 마음을 표시한 것입니다. 끝의 **야**는 위격조사이니 **마하 가로니가야**는 '대비존에게'가 됩니다.

그러므로 **나막 알약**에서부터 **가로니가야**까지를 붙여서 해석해 보면 '성스러운 관자재보살 마하살 대비존께 귀의합니다'가 됩니다.

여기까지만 살펴보아도 〈신묘장구대다라니〉는 관세음보살을 중심으로 하여 관세음보살의 자비사상을 담고 있음을 여실히 알 수 있습니다.

다음은 **옴 살바 바예수 다라나 가라야**입니다. 여기서 **옴**은 앞에서도 강조했듯이 모든 진언과 다라니와 진언의 모체가 되는 것이며, 모든 소리의 어머니입니다. 또한 **옴**은 우주의 핵심이며, 지극한 찬탄의 소리이며, 상대를 교화하고 항복받는 힘이 있는 것입니다. **살바**는 '일체'라는 뜻이며, **바예수**는 '두려움들에서'란 뜻입니다. **다라나**는 '구제, 구도'의 의미가 있으며 **가라야**는 '행위한다'는 뜻이므로 '구제하는'이라는 뜻이 됩니다. 그래서 **옴 살바 바예수 다라나 가라야**는 '일체의 두려움들에서 구제해 주시는'이라는 뜻으로 해석할 수 있습니다.

다음으로 **다사명 나막까리 다바 이맘알야 바로기제 새바라 다바**까지를 살펴 보겠습니다.

다사명은 '그런 까닭에'가 되고, **나막까리 다바**는 **나막 까리다바**로 띄어 써야 하는데, **나막**은 '귀의하여 받든다'의 뜻이며, 까리다바는 '어지신 분'이란 뜻입니다. 또 **이맘**은 '이, 이를'이 되고 앞에서와 마찬가지로 **알야**는 **알약**과 같은 말로 '성스럽다'는 뜻이며, **바로기제 새바라**는 '관자재보살'이라는 뜻입니다. **다바**는 '찬탄하다'라는 뜻입니다.

따라서 **옴**에서 **새바라 다바**까지를 뜻이 통하도록 해석해 보면, '모든 두려움에서 구제해 주시는 저 어진 관세음보살님께 귀의하고 이 성스러운 관자재보살을 찬탄한다'는 말입니다.

이어서 〈신묘장구대다라니〉의 내용을 계속해서 살펴보겠습니다.

니라간타 나막하리나야 마발다 이사미 살발타
사다남 수반 아예염 살바 보다남 바바말아 미수
다감 다냐타 옴 아로게 아로가 마지로가 지가란
제 혜혜하례 마하모지 사다바 사마라 사마라 하
리나야 구로구로 갈마 사다야 사다야 도로도로
미연제 마하 미연제 다라다라 다린 나례 새바라
자라자라 마라미마라 아마라 몰제 예혜혜 로계
새바라 라아미사미 나사야 나베 사미사미 나사
야 모하자라 미사미 나사야 호로호로 마라호로
하례 바나마나바 사라사라 시리시리 소로소로
못쟈못쟈 모다야 모다야

　　처음에 나오는 **니라간타**의 **니라**는 '푸른'의 뜻이고, **간타**는
'목'이란 뜻인데 그것을 합하면 푸른 목, 즉 '청경靑頸'이란 말입
니다. 이것은 인도 신화에 나오는 말입니다.
　　본래 청경존靑頸尊은 인도 힌두 신화에 등장하는 시바신의 이
름인데, 대승불교권에서는 이분을 관세음보살이라 합니다. 힌
두 신화에 따르면 비슈누신이 불사의 약을 얻기 위해 우유바다
를 휘저을 때 바다를 젓는 오랏줄로 쓰인 뱀이 푸른 독을 내뿜
었다고 합니다. 이 독으로 인해 모든 생명들이 모조리 목숨을 잃
을 위험에 처하자 시바신이 그 푸른 독을 한 접시에 모아 자신이
마셔 버렸습니다. 그러나 삼키지 않고 목 안에 머금고 있었기 때
문에 독으로 인해 시바신은 푸른 목을 갖게 되었습니다. 이 신화

는 괴로움의 독바다에서 모든 생명을 살려낸 자비의 상징이 되니 관세음보살의 또다른 이름으로 등장하게 된 것입니다.

나막 하리나야라고 할 때 **나막**은 '~라고 이름하는'이란 뜻이며, **하리나야**는 '마음', '심수心髓', '진언'이라는 뜻입니다.

마발다 이사미는 '암송하겠다', '반복하겠다'라는 뜻입니다. 그러므로 **리나간다**에서 **마발다 이사미**는 '청경존의 마음을 노래하겠습니다'란 뜻이 됩니다.

살발타 사다남에서 **살발타**는 살바르타를 줄여서 **살발타**라고 하는데 **살바**는 앞에서도 나왔듯이 '일체'라는 말이며, **르타**는 '목적, 이익'이란 말입니다. **사다남**은 '완성, 성취'라는 뜻이니, 붙여서 해석하면 '모든 목적이익을 성취하는'이라고 풀이할 수 있습니다.

수반 아예염에서 **수반**은 '길상吉祥' 혹은 '훌륭한'의 뜻이며, **아예염**은 '불가승不可勝', 즉 '이길 수 없는'이라고 풀이할 수 있습니다.

살바 보다남에서 **살바**는 '일체'라는 뜻이며, **보다남**은 '존재'라는 뜻입니다. **바바말아 미수다감**에서 **바바말아**는 '탄생하다, 존재하다, 있다' 혹은 '삶의 길'이라는 뜻을 지니고 있으며, **미수다감**은 '정화淨化, 청정'의 뜻이 있으니 **바바말아 미수다감**은 '삶의 길을 청정하게 하시는'이라고 해석할 수 있습니다.

그래서 **니라간타 나막하리나야 마발다 이사미 살발타 사다남 수반 아예염 살바 보다남 바바말아 미수다감**까지를 붙여서 풀이하면 '청경존의 그 마음과 모든 목적을 성취하고 모든 존재들의 삶의 길을 청정하게 하시는 그 마음을 노래합니다'라고 해석할 수 있습니다.

이어서 **다냐타 옴 아로게 아로가**에서 **다냐타**는 '그것은 다음과 같다'란 뜻이며, **옴**은 극찬의 의미를 지닌 진언의 근본되는 소리인 것입니다. **아로게 아로가**라고 할 때, **아로게**와 **아로가**는 같은 뜻을 지닙니다. 즉 '광명, 명조明照, 안목眼目, 주시注視, 봄' 등의 의미가 있습니다.

마지로가 지가란제에서 **마지로가**는 다시 **마지**와 **로가**를 분리해서 해석할 수 있습니다. **마지**는 '지혜'의 의미가 있으며, 앞의 **아로가**와 이어집니다. 그래서 '지혜의 빛이여'라는 뜻이 됩니다. **로가**는 **로까**라고도 하는데 '세간, 세계'라는 뜻이 있습니다. **지가란제**는 '초월한다'라고 풀이할 수 있습니다.

그래서 **다냐타 옴 아로게 아로가 마지로가 지가란제**까지를 붙여서 해석하면 '옴! 광명존이시여, 광명의 지혜존이시여, 세간을 초월하신 존尊이시여'라고 풀이할 수 있습니다.

계속해서 **혜혜하례**에서 **혜혜**는 '오!'라는 감탄사이며, **하례**는 '신神의 이름' 혹은 '실어 나른다'라는 두 가지 의미가 있습니다. 여기서 **하례**라는 신의 이름은 결국 관세음보살을 가리키는 것으로 볼 수 있습니다. **혜혜하례**가 궁극적으로 뜻하는 의미는 '오! 관세음보살이시여, 저 피안으로 우리를 실어 나르소서'라고 해석할 수 있습니다.

이어지는 **마하모지 사다바**에서 **마하**는 잘 알다시피 '크다'라는 뜻이며 **모지 사다바**는 앞에서도 이야기했듯이 '보리살타', 즉 '보

살'이라는 뜻입니다. 따라서 **혜혜하례 마하모지 사다바**는 '오! 님이시여, 위대한 보살이시여!'라는 뜻이 됩니다.

사마라 사마라의 반복은 '기억하다, 억념憶念하다'는 뜻이고, **하리나야**는 '마음의 진언, 심수心髓'라는 의미이므로 **사마라 사마라 하리나야**는 '마음의 진언을 억념하옵소서, 억념하옵소서'라고 해석할 수 있습니다.

계속해서 **구로구로 갈마**에서 **구로구로**는 반복되는 말로서 '작위作爲, 시행, 행위' 등을 나타냅니다. **갈마**는 **카르마**라고도 하는데 '업業, 작용, 작업, 행업, 작법作法, 행위' 등을 뜻합니다. 그래서 **구로구로 갈마**는 '작업을 실행하소서, 실행하소서'라고 해석할 수 있습니다.

사다야 사다야라고 할 때 **사다야**는 앞에서도 여러 번 나온 단어로서 '성취한다'는 뜻입니다. 또 **도로도로**는 '승리하다'의 뜻이 반복되는 것이고, **미연제**는 '승리한 님이시여'라는 뜻이 있습니다. 부처님께서도 깨닫고 나서 '모든 것을 이긴 사람'이라고 해서 일체승자一切勝者라고 했습니다. **마하 미연제**는 '위대한 승리자'라는 뜻입니다. 그래서 **사다야 사다야 도로도로 미연제 마하 미연제**까지를 연결해서 풀이해 보면 '성취케 하소서, 성취케 하소서, 승리하고 또 승리하소서, 위대한 승리자시여'라고 해석할 수 있습니다.

다라다라 다린 나례 새바라에서 **다라다라**는 앞에 나온 **도로도로**와 같은 것으로 '수지受持, 보존, 임지任持'의 뜻이 있습니다. **다린 나례 새바라**는 '지닌다'는 뜻의 '다라'와 번개를 의미하는 '인

드라'와 절대자를 뜻하는 '이슈바라'가 합해진 말입니다. 따라서 **다라다라 다린 나례 새바라**는 '지켜주소서, 번개를 지니신 절대자시여'라는 뜻이 됩니다.

이어서 **자라자라 마라 미마라 아마라 몰제 예혜혜**에서 **자라자라**라고 할 때 **자라**는 '발동發動, 행동'의 뜻이 담겨 있습니다. **마라 미마라**의 **마라**는 '진구塵垢', 즉 '때, 더러움, 오염'의 뜻입니다. **미마라**에서 **미**는 부정을 나타내는 부정사이니 '더러움을 벗어난'이란 의미가 됩니다. **아마라**의 **아**도 마찬가지로 부정의 의미를 나타내는 부정사이므로 **아마라**도 **미마라**와 같은 뜻의 '더러움을 벗어난' 혹은 '때를 없앤'이란 뜻입니다. **몰제 예혜혜**의 **몰제**는 '훌륭한 모습, 아름다운 모습'이란 뜻이 담겨 있으며, **예혜혜**는 원래는 **예히예히**인데 '강림하다' 혹은 '오다'의 뜻이 있습니다.

그래서 **자라자라**에서부터 **몰제 예혜혜**까지를 붙여서 해석하면 '발동하소서, 더러움을 떠난 님이시여, 티없이 깨끗한 원만상존圓滿相尊이시여, 강림降臨하소서, 강림하소서'가 됩니다.

계속해서 **로계 새바라 라아미사미 나사야**에서 **로계**는 '세간世間, 세계'의 뜻이며, **새바라**는 '주인'이란 뜻입니다. 또 **라아미사미 나사야**는 **라아 미사 미나사야**라고 띄어 읽어야 뜻이 통합니다. **라아**는 '탐심貪心', **미사**는 '독毒', **미나사야**는 '멸망, 소멸'의 뜻이 담겨 있습니다. 그래서 '세계의 주인이시여, 탐욕의 독을 소멸케 하소서'가 됩니다.

나베 사미사미 나사야도 앞과 마찬가지로 **나베사 미사 미나사**

야라고 띄어 읽어야 그 뜻이 통합니다. **나베사**는 '진심瞋心', 즉 '성내는 마음'이 됩니다. **미사**는 '독', **미나사야**는 '소멸, 멸망'의 뜻이니 연결해서 해석해 보면 '성냄의 독을 소멸케 하소서'가 됩니다.

모하자라 미사미 나사야는 **모하 자라 미사 미나사야**라고 해야 합니다. **모하**는 '우심愚心', 다시 말해서 '어리석은 마음'이란 뜻입니다. **자라**는 '동요, 어리석음에 의한 행동'이란 뜻입니다. **미사**는 '독', **미나사야**는 '소멸'의 뜻이니 각 단어들을 연결해서 해석해 보면 '어리석음의 독을 소멸케 하소서'가 됩니다.

로계 새바라에서 **미나사야**까지를 다시 연결해서 해석해 보면, '세간의 주인이신 자재존이시여, 탐욕의 독을 소멸케 하소서, 성냄의 독을 소멸케 하소서, 어리석음의 독을 소멸케 하소서, 어서 빨리 가져가십시오'가 됩니다.

호로호로의 **호로**는 '아!'라는 감탄사로 기쁨의 환호성을 의미하고, **마라호로**의 **마라**는 '님'이란 뜻이며, 다시 **호로**는 '아!'라는 뜻이니 **호로호로 마라호로**는 '아, 님이시여, 아!'라는 뜻이 됩니다.

계속해서 **하례 바나마나바**에서 **하례**는 '신의 이름' 혹은 '운재運載', 즉 '실어 나르다'의 뜻이 있습니다. **바나마**는 **파드마·반메·빠드마**라고도 하는데, '연꽃'이란 뜻입니다. **나바**는 '마음, 중심, 배꼽, 중앙'의 뜻이 있습니다. 그래서 **하례 바나마 나바**는 '연꽃의 마음을 간직한 이여'가 됩니다. 연꽃은 불교를 상징하는 꽃으로 성자를 가리키는데, 여기서는 바로 관세음보살을 나타냅니다.

사라사라는 물이 흐르는 모습을 나타낸 의성어로서, 여기서는 '감로법수甘露法水를 흐르게 하소서, 흐르게 하소서'라는 의미로 풀이할 수 있습니다.

시리시리 역시 물이 흐르는 모습을 형용한 의성어인데, 여기서는 '감로의 지혜 광명을 흐르게 하소서, 흐르게 하소서'의 뜻이 됩니다.

소로소로도 마찬가지로 물이 흐르는 모습을 나타낸 의성어로, 여기서는 '감로의 덕德을 흐르게 하소서, 흐르게 하소서'라고 해석할 수 있습니다.

못쟈못쟈의 **못쟈**는 **붓다 · 못다 · 불타** 등과 같은 말인데 '붓다, 깨달음, 도道' 등의 의미를 갖고 있으며, 여기서는 '깨달음으로, 깨달음으로'라는 뜻이 담겨 있습니다.

모다야 모다야의 **모다야**는 원래 **보다야**인데 '보리菩提'라는 뜻입니다. 여기서는 '깨닫게 하소서, 깨닫게 하소서'라는 뜻이 됩니다.

여기까지 〈신묘장구대다라니〉의 내용을 살펴보면서 우리가 알 수 있는 것은 결국 관세음보살의 위신력을 여러 가지 의미로 강조함으로써 우리의 서원을 성취케 하려는 데 그 뜻이 있는 것입니다.

계속해서 〈신묘장구대다라니〉의 내용을 더 살펴보겠습니다.

매다리야 니라간타 가마사 날사남 바라하라나
야 마낙 사바하 싯다야 사바하 마하싯다야 사바
하 싯다유예 새바라야 사바하 니라간타야 사바
하 바라하 목카싱하 목카야 사바하 바나마 하따
야 사바하 자가라 욕다야 사바하 상카섭나녜 모
다나야 사바하 마하라 구타다라야 사바하 바마
사간타 이사시체다 가릿나 이나야 사바하 먀가
라잘마 이바사나야 사바하

위의 내용은 〈신묘장구대다라니〉의 마지막 부분인데, 이것은
관세음보살의 여러 가지 역할과 위신력에 따라 붙여진 열두 가
지의 상징적인 이름에 해당됩니다.

관세음보살은 항상 자비로운 모습만을 가진 것이 아니라 때로
는 위엄 있는 모습으로, 때로는 화엄신장과 같은 두려운 존재로
서 불법을 지켜주는 분이기도 합니다.

그럼 이제부터 때와 장소에 따라 관세음보살이 어떤 모습을
나타내고 있는지 구체적인 내용을 검토해 보기로 하겠습니다.

맨 처음에 나오는 **매다리야 니라간타 가마사 날사남 바라하라
나야 마낙 사바하**에서 **매다리야**는 **마이트리야**라고 하여 미륵보
살의 이름인데 '자비로운, 인정이 깊은'의 뜻이 있습니다. **니라
간타**는 앞에서도 이야기했듯이 '청경관음靑頸觀音'이란 뜻입니다.
가마사는 '욕망의, 원망願望의'의 뜻이며 **날사남**은 '부수다, 파괴
하다'의 뜻입니다. **바라하라나야**는 악마왕 아들의 이름으로, 아

버지인 악마를 따르지 않고 정법을 따른 자입니다. **마낙**은 '마음'이란 뜻이며, **사바하**는 여러 번 나온 단어로서 '성취, 원만, 구경, 완성' 등의 뜻이 담긴 종결어미로서 별도로 번역하지 않습니다.

매다리야 니라간타 가마사 날사남 바라하라나야 마낙 사바하까지가 관세음보살의 첫 번째 이름입니다. 이것을 연결해서 해석하면 '자비심이 깊으신 청경관음존이시여, 욕망을 부숴 버린 님의 마음을 위하여'가 됩니다.

두 번째 이름인 **싯다야 사바하**에서 **싯다야**는 '성취'의 뜻이 있으니 **싯다야 사바하**는 말 그대로 '성취하신 분을 위하여'가 됩니다.

세 번째 이름인 **마하싯다야 사바하**에서 **마하**는 '크다'의 뜻이고, **싯다야**는 '성취'의 뜻이므로 이것은 '위대한 성취존을 위하여'가 됩니다.

네 번째 이름인 **싯다유예 새바라야 사바하**에서 **싯다**는 '성취'의 뜻이고, **유예**는 다른 말로 **요가**라고 표기하며 **새바라야**는 '자재自在'라는 뜻입니다. 그래서 **싯다유예 새바라야 사바하**는 '요가를 성취하신 자재존自在尊을 위하여'라고 풀이할 수 있습니다.

다섯 번째 이름인 **니라간타야 사바하**에서 **니라간타**는 '청경관음'이란 뜻이니, 이것은 '청경관음존을 위하여'가 됩니다.

여섯 번째 이름인 **바라하 목카싱하 목카야 사바하**에서 **바라하**는 '산돼지'라는 뜻이고, **목카**는 '얼굴'의 뜻이 있으며, **싱하**는 '사자'라는 뜻이니, 이것은 '산돼지 얼굴, 사자 얼굴을 한 관세음보살을 위하여'라고 해석할 수 있습니다.

다음으로 일곱 번째 이름인 **바나마 하따야 사바하**에서 **바나마**
는 '연꽃'의 뜻이고, **하따야**는 '잡다'는 뜻으로 이것은 '연꽃을 손
에 잡으신 관음존을 위하여'가 됩니다.

여덟 번째 이름인 **자가라 욕다야 사바하**에서 **자가라**는 '크고
둥근 바퀴'라는 뜻이고, **욕다야**는 '지니다'의 뜻이니, 이것은 '큰
바퀴를 지니신 관음존을 위하여'로 풀이할 수 있습니다.

아홉 번째 이름인 **상카섭나녜 모다나야 사바하**는 **상카 섭나
녜모다나야 사바하**로 띄어 읽어야 합니다. **상카 섭나**는 '법法 소
라 나팔 소리'라는 뜻이며, **녜모다나야**는 '깨어나다'라는 뜻이니
이것은 '법 소라 나팔 소리로 깨어난 관세음보살을 위하여'라고
해석할 수 있습니다.

열 번째 이름인 **마하라 구타다라야 사바하**는 마하 라구타 다
라야로 띄어 읽어야 합니다. **마하**는 '크다'는 뜻이고, **라구타**는
'곤봉, 금강저'라는 뜻이며, **다라야**는 '가지다'의 뜻입니다. 그래
서 '위대한 금강저를 가진 관음존을 위하여'라는 뜻이 됩니다.

열한 번째 이름인 **바마사간타 이사시체다 가릿나 이나야 사바
하**에서 **바마**는 '왼쪽'이란 뜻이며, **사간타**는 '어깨'라는 뜻입니다.
이사는 '곳, 장소'라는 뜻이고, **시체다**는 '굳게 지키다'는 뜻입
니다. **가릿나**는 '흑색黑色 신승존身勝尊'이라 하여, 인도 힌두 신화
의 크리슈나를 가리킵니다. **이나야**는 '승리자'라는 뜻이 담겨 있
습니다. 그래서 이것은 '왼쪽 어깨쪽을 굳게 지키는 흑색의 승리
자이신 관음존을 위하여'라고 해석할 수 있습니다.

끝으로 열두 번째 이름인 **먀가라잘마 이바사나야 사바하**에서 **먀가라**는 '호랑이'라는 뜻이며, **잘마**는 '가죽'이란 뜻입니다. **이바사나야**는 '머물다'라는 뜻으로 '호랑이 가죽 위에 머물러 있는 관음존을 위하여'라고 풀이할 수 있습니다.

이상으로 관세음보살의 열두 가지 이름을 낱말 하나하나의 뜻을 새기면서 그 의미를 풀이해 보았습니다. 이것은 결국 관세음보살이 과거에 보살행을 할 때의 여러 가지 모습을 상징적으로 표현한 것입니다.

여기서는 우리가 흔히 관념적으로 생각하는 자비스러운 모습과는 달리 어떤 때는 호랑이 가죽 위에 머물러 있으며, 또 어떤 때는 전투하는 모습을 한 관세음보살을 상상할 수 있습니다. 우리는 그것이 상징하는 진정한 숨은 뜻이 무엇인가를 곰곰이 생각해 보아야 할 것입니다. 이처럼 관세음보살은 각양각색의 모습으로 나타나 중생을 제도하십니다. 여기에서 넓고 깊은 관세음보살의 이력을 낱낱이 읽을 수 있습니다.

「나모라 다나다라 야야 나막알약 바로기제 새바라야 사바하」 (3번)

이 부분은 〈신묘장구대다라니〉의 맨 처음에 나왔던 구절인데 맨 마지막에서도 다시 되풀이하고 있습니다. 그 뜻은 '삼보께 귀의하며 받듭니다. 성스러운 관자재보살에게 귀의합니다'라는 뜻입니다. 이것은 삼보와 관세음보살에 대한 끝없는 예배와 존경

심의 표현인 것입니다. 다시 말해서 삼보와 관세음보살께 귀의함이 바로 불교를 신앙하는 기본적인 마음가짐인 것입니다.

지금까지 〈신묘장구대다라니〉의 내용을 하나하나 분석하면서 해석해 보았는데 범서의 원래 이름은 〈마하 가로니까야 흐리다야 다라니〉, 즉 〈대비심 다라니〉라고 되어 있습니다. 〈다라니〉의 완벽한 풀이는 사실 불가능합니다만, 〈다라니〉 속에 담긴 대강의 뜻이라도 이해함으로써 더욱 분발하는 신심을 갖는 것이 중요합니다. 그것은 바로 관세음보살의 자비심에 보다 더 가까이, 또 깊이 있게 접근하여 관세음보살의 위력이 각 가정과 사회에 널리 퍼지게 하는 길이기 때문입니다.

불교는 아는 것과 실행하는 것을 조화롭게 갖추고 있는 종교입니다. 근래에 와서 불자들이 옛날의 맹목적인 신앙에서 벗어나 무언가를 이해하려는 노력을 활발하게 하는 것도 그 때문입니다. 실천을 통해서 복을 닦는 일이 오른쪽 날개라면 법에 대해 알려고 하는 것은 왼쪽 날개라고 할 수 있습니다. 양쪽의 날개가 균형을 이룰 때 비로소 새가 날 수 있는 것처럼 불교에서는 복과 지혜를 똑같이 강조하고 있습니다. 우리가 신앙적으로 기도를 하고 참선을 하고 독경을 하는 밑바탕에는 불교적 이치가 깔려 있어야만 완전하게 될 수 있습니다.

불법 안에는 이러한 두 가지, 즉 아는 것과 실천하는 문제에 대한 해답이 골고루 갖추어져 있습니다. 불자라면 그 두 가지 원칙을 도외시해서는 안 됩니다. 어느 곳에 처하든지 부처님의 올바른 사상을 실천하려는 노력을 해야 합니다. 그래야 올바른 길을 갈 수가 있는 것입니다.

예를 들어 서울에서 부산을 간다면 우선 가는 길을 정확히 알고 나서야 목적한 곳에 다다를 수 있는 것입니다. 알기만 하고 가지 않거나, 가는 길을 모른다면 목적한 바를 이룰 수 없습니다. 부처님의 제자라면 이 두 가지가 원만히 구비되어야 하는 것입니다.

우리가 진리라고 할 때 거기에는 절대적인 원칙이 있습니다. 그것은 바로 어느 시대, 어느 곳, 누구에게나 다 적용되는 것입니다. 그래서 바로 부처님의 가르침은 영원불멸인 것입니다.

현대인은 다양하고 급변하는 시대에 살고 있습니다. 그런 속에서 심지가 굳은 올바른 견해가 없으면 금방 잘못된 곳으로 휩쓸려 가정과 사회를 병들게 하고 맙니다.

부처님을 스승으로 모시고 그의 가르침을 따르는 불자라면 적어도 지행일치知行一致의 안목을 가져야 하는 것은 하나의 의무입니다.

불법을 배우고 불자로서의 의무를 실천할 때 우리가 속한 가정과 이웃은 물론 나아가 이 사회가 보다 건전한 방향으로 전환될 것임은 말할 나위가 없을 것입니다.

마음도 없어지고 죄 또한 없어져

사방찬四方讚

일 쇄 동 방 결 도 량　이 쇄 남 방 득 청 량
一灑東方潔道場　二灑南方得清凉

삼 쇄 서 방 구 정 토　사 쇄 북 방 영 안 강
三灑西方俱淨土　四灑北方永安康

〈사방찬〉은 동서남북의 네 방향을 찬탄하는 구절입니다. 즉 다라니로서 관세음보살의 위력이 우주에 두루 충만하도록 하는 것입니다.

첫째로 **일쇄동방결도량**을 글자 그대로 해석하면 '동쪽을 향해 물을 뿌리면 도량이 밝아진다'가 됩니다. 여기서 **일쇄**는 '물을 뿌린다'는 뜻이지만 궁극적으로는 '번뇌를 씻는다'는 의미가 담겨 있습니다. 다시 말해서 〈신묘장구대다라니〉를 읽음으로써 또는 넓은 의미로 부처님의 위대한 가르침을 통해 부정적인 생각, 삶에 있어서 어두운 부분들을 전부 씻어낸다는 뜻입니다.

불교에 있어서 번뇌는 결국 살아가면서 겪는 온갖 불행을 말합니다. 그것은 곧 탐·진·치 삼독三毒에서 기인하는 것이므로 그러한 찌꺼기를 하나도 남기지 않기 위해서는 지혜의 물로써 무명, 번뇌를 씻어내야만 합니다. 『천수경』은 바로 지혜의 감로로 번뇌를 씻어주는 위대한 가르침인 것입니다.

둘째로 **이쇄남방득청량**은 '남쪽을 향해 물을 뿌리면 시원함을 얻는다'는 뜻입니다. '시원함을 얻는다'는 것은 결국 자기 자신의 마음이 시원해지는 것이며 나아가 가정과 사회, 모든 인간관계가 시원해지고 모든 문제가 시원하게 해결됨을 뜻합니다.

셋째로 **삼쇄서방구정토**는 '서쪽을 향해 물을 뿌리면 정토를 구족한다'는 뜻입니다. 흔히 불교에서는 정토가 서방에 있다고 해서 '서방정토'라는 말을 많이 씁니다. 『천수경』을 통해서 또는 불법을 통해서 마음의 번뇌를 씻어낼 때 자신이 발을 딛고 있는 그 곳이 바로 극락정토인 것입니다.

넷째로 **사쇄북방영안강**은 '북쪽으로 물을 뿌리면 영원한 편안함을 얻는다'는 뜻입니다. 먼저 자기 자신이 편안함을 가질 때 가족이 편안해지고 더 나아가 이웃과 사회, 온 인류가 편안함을 얻는 것입니다.

〈사방찬〉의 내용이 뜻하는 것은 마음과 현실세계가 둘이 아니기 때문에 『천수경』의 신앙을 통해서 주변이 깨끗해지고, 시원함을 얻고, 정토가 구현되고, 영원히 편안함을 누릴 수 있게 된다는 것입니다.

〈사방찬〉에 이어서 〈도량찬道場讚〉의 내용을 살펴보기로 하겠습니다.

도량찬道場讚

도 량 청 정 무 하 예　　삼 보 천 룡 강 차 지
道場淸淨無瑕穢　　三寶天龍降此地

아 금 지 송 묘 진 언　　원 사 자 비 밀 가 호
我今持誦妙眞言　　願賜慈悲密加護

〈도량찬〉은 말 그대로 '도량을 찬탄하는 구절'입니다. 우리는 흔히 도량이라고 하면 물질적인 것만을 생각하기 쉬우나 도량은 마음의 세계를 나타내는 말입니다. 우리의 순간순간 마음가짐이나 마음의 움직임 하나하나가 바로 도량인 것입니다. 그래서 『유마경』에서는 '직심直心이 곧 도량'이라고 표현하고 있습니다. 우리가 생활환경을 근엄하게 하면 마음 자체도 근엄해지듯이 형식적인 도량과 현상적인 의식세계는 결코 둘이 아닌 것입니다.

〈도량찬〉의 맨 처음에 나오는 **도량청정무하예**는 '도량이 깨끗해져서 티끌과 더러움이 없어진다'는 뜻입니다. 여기서 도량이 깨끗해진 것은 앞에 나온 다라니를 통해서, 즉 관세음보살의 위신력과 자비의 힘으로 그렇게 된 것입니다. 여기서 티끌이나 더러움이라고 하는 것은 결국 자기 자신 속에 내재된 그릇된 생각들을 가리키는 말입니다.

둘째로, **삼보천룡강차지**는 '불·법·승 삼보와 천룡팔부가 이 땅에 내려온다'는 뜻입니다. 우리의 마음이 청정하고 근엄해져서 더러움이 없는 세계가 되면 삼보 천룡이 자기 자신의 마음과 생활 속에 내려와 늘 함께하게 되는 것입니다. 여기서 청정이라는 말을 궁극적으로 해석하면 '텅 비다'는 뜻입니다. 아무것도 없어서 공한 것이 아니라 무엇이든 수용하는 태도가 된다고 해서 청정하다고 하는 것입니다. 우리가 법회에 참석하는 것도 가정으로 돌아가서 가정생활을 잘 하기 위한 하나의 훈련인 것입니다.

셋째로, **아금지송묘진언**은 '내가 지금 묘한 진언을 외운다'는 뜻인데 여기서 묘한 진언은 우리의 생각으로는 도저히 미칠 수 없는 불가사의한 힘을 갖고 있는 다라니를 가리키는 말입니다. **묘진언**은 바로 진리의 말씀이기도 합니다.

넷째로, **원사자비밀가호**는 '자비를 내려서 은밀하고 비밀스럽게 지켜주소서'라고 해석할 수 있습니다. 여기서 비밀스럽다는 것은 자연스럽게 잘 되도록 한다는 말입니다. 즉 알게 모르게 마음과 생활이 달라지고 향상되는 것이 **밀가호**입니다.

〈도량찬〉은 바로 앞의 〈사방찬〉과 같은 맥락에서 생각해 볼 때 현상세계와 정신세계가 결코 둘이 아님을 나타낸 구절입니다.

다음으로 참회하는 게송을 담은 〈참회게懺悔偈〉의 내용을 살펴
보기로 하겠습니다.

참회게懺悔偈

아 석 소 조 제 악 업　　개 유 무 시 탐 진 치
我昔所造諸惡業　　皆由無始貪瞋癡

종 신 구 의 지 소 생　　일 체 아 금 개 참 회
從身口意之所生　　一切我今皆懺悔

불교에서는 참회를 중요하게 여깁니다. 참회란 언제나 자기의
잘못을 인정하는 것을 말합니다. 우리가 복과 지혜와 공덕을 누
리려면 그 모든 것을 바라기 이전에 그것을 받아들일 수 있는 마
음자세가 되어 있어야 합니다. 그 마음자세란 바로 우리의 영혼
속에 담겨져 있는 온갖 업장과 악업, 또 부정적인 모든 생각을
비워 버리는 것입니다. 마치 새로운 물을 담으려면 이미 담겨져
있는 물은 버려야 하는 것과 같은 이치입니다. 참회의 진정한 의
미는 바로 새로운 것을 담을 준비를 하는 것입니다.

우리가 참회의 길을 알았다면 개인적인 참회는 물론 인연 있
는 모든 사람들의 참회까지도 마땅히 해야 하는 것입니다. 또 금
생에서뿐만 아니라 세세생생 살아오면서 지은 모든 업장까지도

참회해야 합니다.

이런 의미에서 볼 때 참회는 누구나 해야 하는 것이며, 그 범위 또한 대단히 넓습니다. 그렇게 할 때 참회의 진정한 목적을 이룰 수 있습니다. 그 목적이란 다름 아닌 공덕을 담을 수 있는 빈 그릇을 만드는 일인 것입니다.

첫째와 둘째 구절인 **아석소조제악업 개유무시탐진치**를 연결해서 해석해 보면 '내가 옛날에 지은 모든 악업은 끝없이 오랜 옛적부터 익혀온 탐·진·치 삼독 때문에 일어난다'는 뜻이 됩니다.

탐·진·치 삼독은 신·구·의 삼업을 좇아서 생겨납니다. 삼독은 다시 백팔 번뇌가 되고 그것을 펼치면 팔만사천 번뇌가 되는 것이며, 팔만사천 번뇌는 팔만사천 병고病苦가 됩니다. 우리의 병은 그 병에 따라 약을 처방해야 하는데 그 약은 바로 부처님의 가르침입니다. 그래서 흔히 부처님의 가르침을 팔만사천 법문이라고 합니다.

오늘날 주위에서 흔히 일어나는 노사분규나 정치적인 어려운 문제 등도 따지고 보면 결국 탐·진·치 삼독이 그 주된 원인입니다. 그러므로 삼독만 잘 다스리면 어떤 문제든지 해결할 수 있는 실마리를 찾게 되는 것입니다. 원인을 없애버리면 문제가 해결되는 것은 너무나 자명한 사실입니다. 바로 이런 원리가 영원히 불변하는 불교의 가르침입니다.

그런데 탐·진·치 삼독 가운데에서 진심瞋心, 즉 성내는 일은 다른 어느 것보다도 하지 말아야 합니다. 우리의 일상생활에서

화 안 내는 일 한 가지만이라도 지킬 수 있다면 수양이 다 된 거나 마찬가지입니다. 가정이 밝아지는 첫째 조건이 화내지 않는 일임을 명심해야 합니다.

셋째, 넷째 구절인 **종신구의지소생 일체아금개참회**를 풀이해 보면 '신·구·의身口意 삼업三業으로 해서 생긴 모든 것들을 이제 내가 참회한다'는 뜻이 됩니다. 삼독은 결국 몸, 입, 생각으로 인해서 지은 악업인데 그것은 모든 불행을 야기하는 원인이 됩니다. 그런 모든 악업들을 없애버리는 작업이 바로 참회인 것입니다.

참제업장 십이존불懺除業障 十二尊佛

나 무 참 제 업 장 보 승 장 불
南無懺除業障寶勝藏佛

보 광 왕 화 염 조 불
寶光王火燄照佛

일 체 향 화 자 재 력 왕 불
一切香華自在力王佛

백 억 항 하 사 결 정 불
百億恒河沙決定佛

진 위 덕 불
振威德佛

금 강 견 강 소 복 괴 산 불
金剛堅强消伏壞散佛

보 광 월 전 묘 음 존 왕 불
普光月殿妙音尊王佛

환 희 장 마 니 보 적 불
歡喜藏摩尼寶積佛

무 진 향 승 왕 불
無盡香勝王佛

사 자 월 불
獅子月佛

환 희 장 엄 주 왕 불
歡喜莊嚴珠王佛

제 보 당 마 니 승 광 불
帝寶幢摩尼勝光佛

보통 『천수경』을 암송할 때 〈참제업장 십이존불〉을 생략하고 〈십악참회〉로 바로 넘어가는 경우가 많으나, 원칙은 이 구절을 모두 읽어야 합니다. 참제업장에 나오는 십이존불은 업장을 참회할 때 일종의 증명법사 역할을 하는 것입니다. 우리가 사소한 일을 할 때도 증인이 필요하듯이 자신의 참회가 보다 확실하고 올바른 참회가 되도록 하기 위해서 부처님께서 옆에서 지켜봐 주시는 것입니다. 이 부분은 부처님의 명호이기 때문에 굳이 뜻을 해석할 필요는 없지만 그 명호 하나하나는 상징적인 깊은 의미가 담겨 있습니다.

십악참회 十惡懺悔

살생중죄금일참회 殺生重罪今日懺悔	투도중죄금일참회 偸盜重罪今日懺悔
사음중죄금일참회 邪淫重罪今日懺悔	망어중죄금일참회 妄語重罪今日懺悔
기어중죄금일참회 綺語重罪今日懺悔	양설중죄금일참회 兩舌重罪今日懺悔
악구중죄금일참회 惡口重罪今日懺悔	탐애중죄금일참회 貪愛重罪今日懺悔
진에중죄금일참회 瞋恚重罪今日懺悔	치암중죄금일참회 癡暗重罪今日懺悔

우리가 지은 많은 악업 가운데 신·구·의 삼업으로 짓는 열 가지가 바로 십악인 것입니다. 이 십악을 참회하고 정반대로 행하게 되면 결국 십선十善이 됩니다. 여기에 나오는 십악의 뜻은 불자라면 누구나 잘 알고 있는 내용이지만 그것을 참회하고 선한 행동으로 실천하기에는 끊임없는 노력이 필요합니다.

십악 중에서도 일상생활에서 흔히 범하기 쉬운 것이 바로 구업口業입니다. 『천수경』의 맨 처음 구절이 〈정구업진언〉으로 시작되는 것으로 미루어 보아도 입으로 짓는 업이 얼마나 크고 무거운가를 짐작할 수 있습니다.

〈십악참회〉의 내용을 하나하나 살펴보면, 첫 번째 **살생중죄금일참회**는 '살아 있는 모든 것을 죽인 무거운 죄를 내가 오늘 참회합니다'라는 뜻입니다. 흔히 살생의 문제에서 갈등을 겪는 수가 있는데, 우리에게 불필요한 일로 살생을 해서는 안 되는 것입니다. 살생을 하지 않고 생명 존중의 뜻으로 방생을 한다면 그것은 곧 선이 됩니다.

또 **戒계**라고 해서 무조건 잘 지키기만 해서는 안 됩니다. 네 가지 조건이 있는데 그것을 잘 지킴은 물론이고, 잘 범할 줄도 알아야 하고, 잘 열 줄도 알아야 하고, 잘 막을 줄도 알아야 합니다.

예를 들어 살생을 해서 많은 사람들에게 이로움을 주고 더욱 행복해진다면 살생도 해야 합니다. 그것이 바로 잘 범하는 일입니다. 전쟁에 나가 적을 무찔러야 할 경우에는 살생을 범해야 합니다.

스님들이 지켜야 할 계목 중에 정오가 지나면 공양을 하지 말라는 것이 있습니다. 그러나 경우에 따라서는 그것이 허용될 수도 있습니다. 단체를 이끌어가는 데는 분명 계율이 필요하지만 부처님께서도 소소한 계율에 너무 집착하여 본래의 뜻을 잊어버리지 말라고 하셨습니다.

둘째로, **투도중죄금일참회**는 '남의 물건을 훔친 것에 대해 내가 오늘 참회합니다'가 됩니다. 아무리 작은 물건이라도 남의 것을 훔치는 것은 **투도**에 해당됩니다. 엄밀히 따지고 보면 오늘날의 **투도**는 단순히 남의 것을 훔치는 것만을 뜻하지는 않습니다. 정치적인 수많은 제도에 의해서도 엄청난 **투도**를 일삼는 경우가 흔히 있습니다.

예를 들어 큰 회사를 운영하면서 노동을 착취한다거나 권력을 이용하여 이익을 노리는 일은 도둑 중에서도 큰 도둑에 속합니다. 사회가 복잡해지면서 도둑에 대한 개념도 많이 달라졌고, 그 종류도 다양해졌다고 할 수 있습니다.

투도를 참회하는 보다 적극적인 행위는 베푸는 일인 '보시행'을 하는 것입니다. 보시행에 있어서도 법보시法布施와 재보시財布施가 함께 이루어져야 합니다.

셋째로, **사음중죄금일참회**는 '삿된 음행의 무거운 죄를 내가 오늘 참회합니다'라고 해석할 수 있는데, 보다 청정한 행을 하라는 뜻으로 받아들일 수 있습니다.

넷째로, **망어중죄금일참회**는 '망령된 말로써 지은 무거운 죄를 내가 오늘 참회합니다'가 됩니다. 망어는 거짓말입니다.

다섯째로, **기어중죄금일참회**는 '비단결 같은 말로써 지은 모든 무거운 죄를 내가 오늘 참회합니다'가 됩니다.

여섯째로, **양설중죄금일참회**는 '두 가지 말로써 지은 모든 무거운 죄를 내가 오늘 참회합니다'로 풀이할 수 있습니다. 여기서 양설은 두 가지 말로 남을 이간시키는 행동을 하는 것을 말합니다.

일곱째로, **악구중죄금일참회**는 '악담으로 지은 모든 무거운 죄를 내가 오늘 참회합니다'가 됩니다. 우리는 부모들이 자녀에게 거침없는 악담을 퍼붓는 경우를 흔히 볼 수 있습니다. 비록 무심코 내뱉는 말일지라도 그 말을 듣는 자녀들의 가슴에는 지울 수 없는 상처로 남을 수도 있습니다.

말에 대한 중요성은 거듭 강조해도 지나치지 않습니다. 부드럽고 화기 있는 상냥한 말은 상대방의 마음을 움직일 수 있는 것입니다. 부처님께서는 "나에게 잘하기 이전에 먼저 가족이 화합하라"고 말씀하셨습니다. 가족이 화합하는 첫째 조건이 바로 상냥한 말씨로 서로 따뜻하게 대하는 것입니다.

여덟째의 **탐애중죄금일참회**는 '탐욕으로 인해 지은 무거운 죄를 내가 오늘 참회합니다'가 됩니다.

아홉째의 **진에중죄금일참회**는 '성냄으로 인해 지은 무거운 죄를 내가 오늘 참회합니다'가 됩니다.

열 번째의 **치암중죄금일참회**는 '어리석음으로 인해 지은 무거운 죄를 내가 오늘 참회합니다'가 됩니다.

이상의 십악을 다시 정리해 보면 살생·투도·사음은 몸으로 지은 업[身業]에 해당되고, 망어·기어·양설·악구는 입으로 지은 업[口業]에 해당되고, 탐애·진에·치암은 마음으로 일으켜서 지은 업[意業]에 해당됩니다.

〈십악참회〉 다음으로 이어지는 구절은 우리의 죄업이 아무리 크고 무거울지라도 진실한 마음으로 참회하면 일시에 소멸될 수 있다는 내용입니다.

백 겁 적 집 죄　　일 념 돈 탕 제
百劫積集罪　　一念頓蕩除

여 화 분 고 초　　멸 진 무 유 여
如火焚枯草　　滅盡無有餘

　위의 네 구절을 새겨보면, '백겁 동안이나 쌓인 나의 모든 죄업을 한순간 몰록 소탕해서 제거해 주십시오. 마치 마른 풀을 산더미처럼 쌓아 놓았다 하더라도 불을 붙이면 일시에 타버리듯이 다 소멸되게 해 주십시오'라고 해석할 수 있습니다.
　우리가 절에 와서 열심히 기도하고 참회하는 것도 결국 업장을 소멸하기 위한 것입니다. 업장은 우리에게 문제를 일으키는 장해요인으로 작용하는 것이므로 기도와 참회를 통하여 업장이 소멸되면 문제 해결은 저절로 되는 것입니다.
　『천수경』의 핵심이 다라니에 있다면 다음으로 이어지는 구절은 죄와 마음의 관계를 명확히 밝힌 가장 차원 높은 대목에 해당됩니다.

죄 무 자 성 종 심 기　　심 약 멸 시 죄 역 망
罪無自性從心起　　心若滅時罪亦亡

죄 망 심 멸 양 구 공　　시 즉 명 위 진 참 회
罪亡心滅兩俱空　　是則名爲眞懺悔

　위의 네 구절은, '죄라는 것은 본래 실체가 없는데 마음으로 좇아서 일어나는 것이므로 마음이 소멸되면 죄 또한 없어진다. 마음도 없어지고 죄도 없어져서 그 두 가지가 함께 공空해져 버릴 때, 이것이야말로 진짜 참회다'라고 해석할 수 있습니다.

이것은 『반야심경』에서 '오온개공五蘊皆空'이라고 한 대목과도 뜻이 통하는 것입니다. 몸도 마음도 텅 빈 것으로 바라보는 지혜의 안목이 있어야 합니다. 몸도 공한 것이며, 우리의 마음을 통하여 일어나는 온갖 기쁘고 슬픈 감정들도 모두 공하다고 하는 것입니다. 우리의 육체가 엄연히 존재하는데도 공하다고 하는 것은 실체 자체가 알고 보면 텅 비어 있다는 것입니다.

예를 들어 누구를 사랑한다고 하면 온 우주에 사랑의 감정이 가득 찬 것처럼 보이지만 사실은 아무것도 없는 것입니다. 또 가까운 사람의 죽음에서 오는 슬픔도 실체가 없습니다. 그러한 감정들은 단지 환상일 뿐입니다. 잠깐의 착각일 뿐입니다. 마치 영화 속의 주인공을 보는 것처럼 실체는 없는데 잠깐 속아서 있다고 생각하는 것입니다.

우리들이 실체도 없는 좋지 않은 감정들을 갖고 살아간다면 원하는 일은 결코 해결될 수 없습니다. 공덕을 아무리 많이 지어도 복으로써 발휘하지 못하는 이유 중의 하나가 서로 안 좋은 감정이 쌓여 있기 때문입니다. 그 감정들이란 따지고 보면 텅 비어 공한 것입니다.

부처님께서 지혜의 눈으로 바라보시니 일체가 공한 것임을 깨달으신 것입니다. 부처님께서는 『반야심경』에서 '색즉시공 공즉시색色卽是空 空卽是色'이라고 하여 '있는 것은 없는 것과 다르지 않고 없는 것은 또 있는 것과 다르지 않다'고 했습니다.

변덕이 심한 우리의 감정이 실체가 있는 것으로 속아서 일을 그르치는 과오를 범해서는 안 됩니다. 특히 가까운 가족 간에 어둠의 감정은 날려 버려야 합니다. 설령 상대방이 미움의 감정을 갖고 있다고 해도 그것 또한 실체가 없는 것입니다. 영화 속의 주인공을 보고 울고 웃는 것과 똑같은 이치입니다. 시시각각으로 일어나는 감정들은 결국 스스로 그렇게 지어냈을 뿐 원래는 텅 비어서 실체가 없습니다.

어두운 길을 가다가 새끼줄을 보고 뱀으로 착각하여 겁을 먹고 도망가다 넘어지는 것과 같습니다. 뱀으로 착각하고 도망치다 돌부리에 넘어져 피투성이가 되어 방황하는 것이 바로 우리의 모습입니다. 쓸데없는 감정에 사로잡혀 우울하게 보내지 말아야 합니다.

적어도 『천수경』을 열심히 읽는 사람은 모든 것은 공한 것이기 때문에 그러한 감정의 찌꺼기는 말끔히 지워 버려야 하는 것입니다. 그래야만 밝은 내일을 맞을 수 있습니다.

위의 네 구절에는 참회에 대한 올바른 견해를 열어 주는 아주 중요한 뜻이 담겨져 있습니다. 다시 말하자면 최상의 지혜에 의한 참회법을 우리에게 가르쳐 주고 있는 것입니다. 이것을 잘못 이해하여 죄를 지어 놓고도 마음으로 죄가 아니라고 생각하면 그만인 것처럼 아전인수我田引水격으로 받아들이면 엉뚱한 방향으로 빗나갈 위험도 있습니다.

참회에는 크게 이참理懺과 사참事懺의 두 가지가 있습니다. 이

참은 위의 내용에서 가르쳐 주듯 이치적으로 참회의 올바른 뜻을 이해하는 것이고, 사참은 이치가 비록 그렇더라도 실제로 기도나 독경, 사경, 보시행, 그 밖의 실지 수행을 통해서 참회를 실천하는 것을 말합니다. 진정한 참회란 이참과 사참이 함께 병행될 때 완전한 참회가 되는 것이며, 그렇게 할 때 비로소 우리의 업장도 소멸되는 것입니다.

다음으로 〈참회진언〉의 내용을 살펴보기로 하겠습니다.

참회진언懺悔眞言

「옴 살바 못자 모지 사다야 사바하」(3번)

옴 살바 못자 모지 사다야 사바하에서 **옴**은 앞에서도 여러 번 나왔듯이 '진언의 왕'이며 '우주의 핵심'이며 '항복, 조복, 섭복' 등 여러 가지 의미와 신비한 힘을 가진 진언의 정형구에 해당됩니다.

살바는 '일체'라는 뜻이며, **못자**는 '붓다'의 다른 표기입니다. **모지**는 '보리'의 뜻이며, **사다야**에서 **사다**는 '살타'이며 **야**는 '~에게'라는 뜻입니다. **사바하**도 여러 번 나온 단어로서 앞의 일이 원만하게 성취되도록 하는 종결어미로 사용되며, '구경究竟, 원만, 성취' 또는 '맡긴다, 귀의한다' 등의 뜻이 있습니다.

그래서 **옴 살바 못자 모지 사다야 사바하**를 붙여서 해석해 보면, '일체의 불보살님에게 귀의합니다'라는 뜻이 됩니다.

〈참회진언〉의 내용은 결국 자신이 지은 모든 죄를 불보살님께 다 털어놓고 참회하면 마음이 편안해진다는 것입니다. 마음이 편안해지는 이유는 참회를 하는 동안 마음이 열려 불보살님과의 교류가 이루어지기 때문입니다.

계속해서 〈참회진언〉의 게송을 살펴보겠습니다.

준 제 공 덕 취　　　적 정 심 상 송
准提功德聚　　　寂靜心常誦

일 체 제 대 난　　　무 능 침 시 인
一切諸大難　　　無能侵是人

천 상 급 인 간　　　수 복 여 불 등
天上及人間　　　受福如佛等

우 차 여 의 주　　　정 획 무 등 등
遇此如意珠　　　定獲無等等

첫째와 둘째 구절의 **준제공덕취 적정심상송**을 해석해 보면, '준제진언은 공덕의 큰 덩어리인데 이것은 항상 고요한 마음으로 외워야 한다'는 뜻입니다. 여기서 **준제**란 바로 〈준제진언〉을 가리키는 말입니다. 전해지는 이야기에 의하면 〈준제진언〉은 다른 진언에 비해 매우 강한 진언이기 때문에 정신을 차리지 않고 아무렇게나 외우면 오히려 화를 당하는 경우도 있다고 합니다.

셋째와 넷째 구절인 **일체제대난 무능침시인**은 '일체의 모든 재난들이 준제진언을 외우는 사람에게는 침범하지 못한다'는 뜻이 됩니다.

다섯째와 여섯째 구절인 **천상급인간 수복여불등**은 '천상 사람들이나 보통의 사람들이 부처님처럼 똑같이 평등하게 복을 받는다'라고 해석할 수 있습니다. 여기서 천상 사람들은 수행이 완성된 사람을 가리키는 말이며, 보통의 사람들은 수행이 덜 된 사람을 나타내는 말입니다.

일곱째와 여덟째 구절인 **우차여의주 정획무등등**의 뜻은 '이 여의주를 만나면 결정코 깨달음을 얻을 것이다'라고 해석할 수 있습니다. 여기서 〈준제진언〉은 곧 무엇이든지 뜻대로 이루어지는 여의주와 같다는 말입니다.

깨달음의 마음에서
물러서지 않기를 원합니다

「나 무 칠 구 지 불 모 대 준 제 보 살
南無 七俱胝 佛母 大准提菩薩」(3번)

여기서 **나무**는 '귀의한다'는 뜻이며, **칠구지**의 **구지**는 '억'이란
뜻이니 그 뜻을 새겨 보면, '칠억 부처님을 키워낸 부처님의 어머
니인 대준제보살께 귀의합니다'라고 풀이할 수 있습니다.
　다음으로 법계法界, 즉 우리가 사는 세상을 깨끗하게 하는 진
언의 내용을 살펴보기로 하겠습니다.

정법계진언淨法界眞言

「옴 남」(3번)

옴 남에서 **옴**은 앞에서 여러 번 나왔으므로 여기서는 그 뜻풀이를 생략하기로 하고, **남**은 **람**이라고 해야 하는데 '불의 원소[火大]의 종자'란 뜻입니다. 즉 불을 일으키는 근본 씨앗이란 뜻인데, 그것은 지혜의 불을 뜻합니다.

그 불이 탐·진·치 삼독으로 인해서 생긴 우리의 번뇌 망상을 다 태워버리고 깨달음의 문에 들게 한다는 것입니다. 그것이 바로 법계를 청정하게 하는 것입니다.

호신진언護身眞言

「옴 치림」(3번)

호신진언은 글자 그대로 몸을 보호하는 진언인데, **옴 치림**은 **옴 쓰림**이라고 해야 맞습니다. **치림**의 뜻은 '묘길상妙吉祥의 종자'란 말입니다. 모든 길상은 **치림**이란 글자에서 나옵니다. 길상이란 행복, 영광, 번영, 안녕, 평화 등 좋은 의미를 모두 포함하고 있습니다. 우리가 몸을 보호한다고 해서 신장이나 그 밖의 다른 것이 지켜주는 것이 아니라 모든 좋은 일이 자기 자신으로부터 나온다는 것입니다.

관세음보살 본심미묘 육자대명왕진언觀世音菩薩 本心微妙 六字大明王眞言

「옴 마니 반메 훔」(3번)

이 진언을 풀이하면 '관세음보살의 본래 마음은 미묘하며 그것은 여섯 자로 되어 있는데 크고 밝은 왕의 진언'이란 뜻입니다. 이것은 〈광명진언〉의 내용을 축소한 것입니다. 이 진언은 불자들이라면 누구나 잘 알고 있고 집에 붙여 놓기도 하는 매우 인기 있는 진언입니다.

옴 마니 반메 훔에서 **옴**의 뜻은 생략하기로 하고, **마니**는 '마니구슬'이란 말로서 '여의주'와 같은 뜻입니다. 여의주는 이 세상에 오직 하나뿐인 보물인데 그것은 누구나 똑같이 지니고 있는 바로 우리들 자신의 마음인 것입니다.

반메는 원래 **빠드메**라고 해야 하는데 그 뜻은 '연꽃'입니다. 연꽃 중에서도 홍연紅蓮에 해당합니다. 연꽃의 본성은 어느 곳에 처하든지 항상 깨끗함을 유지하는 것입니다. 우리의 본래 마음도 이 연꽃처럼 항상 청정한 것입니다. 그래서 연꽃은 바로 가장 이상적인 인물인 부처님을 말하는 것이며, 여기서는 관세음보살을 의미합니다. 또 우리가 수행을 쌓아서 이상적인 인물이 되었을 때도 연꽃이라고 할 수 있습니다. 우리가 지향하는 인격체가 바로 연꽃입니다.

결국 '여의주'나 '연꽃'이 뜻하는 진정한 의미는 우리의 마음을 본래 마음답게 오롯이 간직할 때 그것은 바로 지혜와 자비와 온갖 생명과 광명이 있는 불보살의 세계에 들어가는 것이라는 말입니다.

훔은 이구청정離垢淸淨이라고 해서 '더러움을 벗어난 청정한 진리의 세계'를 뜻합니다. 즉 번뇌 망상이 모두 사라진 상태를 말합니다. 그래서 옛날에는 마음으로부터 미심쩍은 음식을 먹을 때는 먹기 전에 음식에다 **훔**자를 쓰고 먹기도 했습니다.

옴 마니 반메 훔이란 진언은 단 한 번을 외워도 육십이억 항하사 보살님들의 이름을 부르는 것과 맞먹는다고 합니다.

준제진언准提眞言

「**나무 사다남 삼먁삼못다 구치남 다냐타 옴 자례 주례 준제 사바하 부림**」(3번)

이 〈준제진언〉은 다른 진언에 비해 매우 강한 진언에 속하며, 그 뜻도 쉽게 파악할 수 없는 진언입니다.

맨 처음에 나오는 **나무 사다남 삼먁삼못다 구치남 다냐타**까지는 본격적인 진언의 시작은 아닙니다. 그 뜻을 풀이해 보면, **나**

무는 '귀의한다'가 되고, **사다남**에서 **사다**는 '칠, 일곱'이란 뜻이며, **남**은 복수를 나타내는 말입니다.

삼먁삼못다에서 **삼먁삼**은 '정등正等'의 뜻이며 **삼못다**는 '붓다', 즉 '부처'라는 뜻이니, **삼먁삼못다**는 '정각正覺'으로 풀이할 수 있습니다. **구치남**에서 **구치**는 '천만억' 혹은 '억億'이란 뜻이며, **남**은 복수를 나타내는 접미사입니다.

그래서 **나무 사다남 삼먁삼못다 구치남**을 붙여서 해석하면, '칠억 부처님께 귀의합니다'가 됩니다.

그 다음의 **다냐타**는 '(진언을) 곧 설說해 가로되'라는 뜻이니 바로 다음에 진언이 이어짐을 알 수 있습니다. 그러니 **옴 자례 주례 준제 사바하 부림**이 진짜 〈준제진언〉에 해당되는 부분입니다.

지금까지 전해 내려오는 해석을 살펴보면, 옴의 뜻풀이는 생략하고, **자례**는 '동회존同回尊', '유행존', 즉 '움직이고 흘러다니는 분이시여'라는 뜻입니다. **주례**는 '두상머리 즉, 정계존頂髻尊이시여'라는 뜻인데, 정계란 제일 높은 부처님의 이마를 가리키는 말입니다.

준제는 '묘의妙意 청정존이시여'라는 뜻이며, **사바하**는 '원만, 성취'의 뜻을 지니고 있는 종결어미입니다. **부림**은 '정륜왕의 종자'란 뜻인데 정륜왕은 머리에 법륜과 같은 수레바퀴를 달고 있는 신장으로 가장 강력한 힘을 지닌 대장격에 해당됩니다.

이상으로 〈준제진언〉의 내용을 살펴 보았는데, 맨 마지막에 나오는 진언이라는 점에서도 알 수 있듯이 〈준제진언〉은 진언

자체가 지극히 강하고 무서운 힘을 가지고 있습니다.

〈준제진언〉 다음으로 이어지는 구절은 우리의 소원을 성취하는 간절한 내용을 담고 있습니다.

아 금 지 송 대 준 제　　즉 발 보 리 광 대 원
我今持誦大准提　　卽發菩提廣大願

원 아 정 혜 속 원 명　　원 아 공 덕 개 성 취
願我定慧速圓明　　願我功德皆成就

원 아 승 복 변 장 엄　　원 공 중 생 성 불 도
願我勝福遍莊嚴　　願共衆生成佛道

첫째, 둘째 구절인 **아금지송대준제 즉발보리광대원**을 해석하면, '내가 지금 대준제 진언을 외워 지니노니 곧 보리심을 발하고, 넓고 큰 원을 발해지이다'라고 풀이할 수 있습니다.

셋째, 넷째 구절인 **원아정혜속원명 원아공덕개성취**의 내용을 살펴보면 '내가 삼매를 통해서 정과 혜가 원만히 밝아지고 크고 작은 모든 공덕이 다 성취되어지이다'라는 뜻이 됩니다.

다섯째, 여섯째 구절인 **원아승복변장엄 원공중생성불도**를 풀이하면, '내가 지닌 훌륭한 복으로 모든 것이 다 성취되고 모든 중생이 다 함께 불도를 이루어지이다'라는 뜻이 됩니다.

여기서 위의 내용과 연관지어 평소 기도하는 마음가짐에 대해 잠깐 생각해 보기로 하겠습니다.

우리가 기도를 시작할 때는 반드시 소원을 말해야 함은 누구나 잘 아는 사실입니다. 그러나 소원이 너무 많아 기도하러 가면 서부터 내내 소원만 생각하는 경우가 많습니다. 계속해서 소원만 생각하는 것은 일종의 망상입니다. 망상이 떠오른다고 해서 그것에 끌려가다 보면 올바른 기도가 되지 않고 결코 소원을 성취할 수가 없습니다.

소원은 처음 기도를 시작할 때와 마지막 끝날 때 한 번씩만 생각하고 기도 자체에만 일념으로 집중해야 합니다. 그래서 기도와 자기 자신이 하나가 될 때 비로소 오롯한 정신상태가 될 수 있습니다. 그렇게 되어야만 힘이 솟아나고 또한 그 힘을 발할 수 있습니다.

예를 들어 기도의 대상이 관세음보살이라면 그 관세음보살과 자신의 힘이 하나로 통일될 때 자유자재로 그 힘을 쓸 수 있는 것입니다. 그것은 마치 라디오로 방송을 들을 수 있는 것과 같은 이치입니다. 보내는 주파수와 받는 주파수가 같아야 소리를 들을 수 있는 것과 같이 자기 자신 속에도 이미 불보살의 힘과 똑같은 힘이 내재되어 있어야 합니다.

우리가 기도를 통해서 그 힘을 끌어내는 것입니다. 불보살과 자기 자신이 하나의 주파수로 일치된 상태가 바로 진짜 기도입니다. 그 힘은 곧 우주에 충만한 힘이며, 부처님의 힘이며, 자기 자신의 힘이기도 합니다.

우리가 정확한 주파수를 찾지 못하는 것은 기도를 하면서 자꾸 소원을 생각하는 망상에 끄달리기 때문입니다. 기도할 때 제일 중요한 것은 망상에 사로잡히지 않고 기도 그 자체로서 한 덩어리가 되는 것입니다. 이것이 바로 올바르게 기도하는 마음가 짐이며 소원을 성취하는 방법입니다.

다음에 이어지는 〈여래십대발원문〉 또한 원력을 나타낸 구절 인데, 원력이란 살아가는 데 있어서 참으로 중요한 부분을 차지 하고 있습니다. 그것은 우리의 생명력과도 일맥상통한다고 할 수 있습니다. 원력이 없는 사람은 생명력이 없는 사람입니다. 그 러므로 살아가는 힘은 곧 원력이고, 원력은 곧 생명력이라고 할 수 있습니다. 그러면 구체적인 내용을 살펴보기로 하겠습니다.

여래십대발원문如來十大發願文

원 아 영 리 삼 악 도　　원 아 속 단 탐 진 치
願我永離三惡道　　願我速斷貪瞋癡

원 아 상 문 불 법 승　　원 아 근 수 계 정 혜
願我常聞佛法僧　　願我勤修戒定慧

원 아 항 수 제 불 학　　원 아 불 퇴 보 리 심
願我恒隨諸佛學　　願我不退菩提心

원 아 결 정 생 안 양　　원 아 속 견 아 미 타
願我決定生安養　　願我速見阿彌陀

원 아 분 신 변 진 찰　　원 아 광 도 제 중 생
願我分身遍塵刹　　願我廣度諸衆生

이상 여래의 열 가지 큰 원력을 발하는 글은 그 하나하나가 독립된 뜻을 지니기도 하지만 서로서로 연결되어 있습니다.

첫째 발원인 **원아영리삼악도**는 '내가 지옥, 아귀, 축생의 삼악도를 영원히 떠나서 사람다운 삶을 살기를 원합니다'라는 뜻입니다.

둘째 발원인 **원아속단탐진치**는 '내가 탐·진·치 삼독을 빨리 끊기를 원합니다'라고 해석할 수 있습니다. 우리들에게 일어나는 문제는 이 삼독에서 비롯되지 않는 것이 없습니다. 이 삼독의 사슬에서 벗어날 때 비로소 문제 해결의 실마리를 찾게 되는 것입니다.

셋째 발원인 **원아상문불법승**은 '내가 항상 불·법·승 삼보에 대해 듣기를 원합니다'라는 뜻입니다.

넷째 발원인 **원아근수계정혜**는 '내가 항상 계·정·혜 삼학을 열심히 닦기를 원합니다'라고 풀이할 수 있습니다.

다섯째 발원인 **원아항수제불학**은 '내가 항상 모든 부처님을 따라서 배우기를 원합니다'라는 뜻이 됩니다. 여기서 모든 부처님이란 나에게 스승이 되는 모든 대상을 뜻합니다. 엄밀히 말해서 이 세상에는 스승 안 될 것이 없고, 또한 어느 때 어떤 곳에서라도 배울 수 있는 길은 항상 열려 있습니다.

여섯째 발원인 **원아불퇴보리심**은 '내가 깨달음의 마음에서 물러서지 않기를 원합니다'라고 해석할 수 있습니다. 우리는 흔히 무슨 일이든 조금 하다가는 주저앉아 버리는 경우가 많은데 그렇게 되면 인생에 아무런 발전도 기대할 수 없습니다. 물러서

지 않는 용맹심이야말로 우리의 생명력을 충족시켜 주는 원동력이 됩니다. 적어도 불자라면 어떤 일에서든지 물러서지 않고 꾸준히 자신의 삶을 향상시켜 나가는 마음자세를 가져야 할 것입니다. 물러서지 않는 불퇴심만 있으면 본궤도에 오른 것과 같습니다.

일곱째 발원인 **원아결정생안양**은 '내가 반드시 안양국에 태어나기를 원합니다'라고 풀이할 수 있습니다. 여기서 안양국이란 극락세계를 뜻하는 말로서 모든 것이 충족되어진 세계를 가리킵니다.

여덟째 발원인 **원아속견아미타**는 '내가 속히 아미타불을 친견하기를 원합니다'라는 뜻입니다. 여기서 아미타불은 한량없는 무한한 생명을 나타내는 말입니다. 결국 한량없는 무한한 생명을 친견하려면 자기 자신이 무한해야 하는데 우리의 본래 자성은 이미 한량없는 무한한 생명인 것입니다. 그 사실을 깨닫는 일이 바로 불교공부의 핵심입니다.

아홉째 발원인 **원아분신변진찰**은 '나의 몸이 먼지처럼 많고 많은 곳에 두루 나투기를 원합니다'라는 뜻입니다. 이 말은 내 몸이 미진수와 같이 헤아릴 수 없을 정도로 나누어져서 무슨 일이든 다 할 수 있도록 해 달라는 뜻입니다. 말하자면 천백억 화신으로 나투어 중생을 제도하겠다는 소원인 것입니다.

마지막으로 열 번째 발원인 **원아광도제중생**은 '내가 모든 중생들을 널리 제도하기를 원합니다'라고 해석할 수 있습니다. 어떤 소원이나 발원, 축원의 맨 마지막에는 이처럼 항상 모든 중생이 다 함께 성불하게 해 달라는 내용을 담은 구절이 따라다닙니다.

불교는 연기의 법칙으로 이루어져 있으므로 자기 혼자만의 길이란 없습니다. 그래서 모든 사람들은 서로서로 연결되어 있으며, 원리적으로 따져볼 때 다 함께 성불하는 것만이 자기 자신의 성불도 가능케 하는 것입니다.

불교에서 중생제도의 관점은 세 가지로 나누어 생각할 수 있습니다. 무조건 중생이 있다고 생각하여 중생을 제도하겠다고 생각하는 것을 가관假觀이라 하고, 중생은 본래는 없는 것인데 중생이 있다고 생각하여 중생을 제도하겠다고 하는 것을 공관空觀이라 하고, 중생이 본래 부처인데 그 부처인 중생을 제도하겠다고 하는 것을 중도관中道觀이라 합니다. 가장 정상적인 생각은 모든 사람이 본래 부처인데 그 부처인 중생을 제도한다고 하는 것입니다.

이상에서 보듯이 『천수경』의 내용은 소원과 원력으로 가득 차 있습니다. 그만큼 진언이나 다라니의 구절구절에는 원력을 성취시킬 만한 힘이 담겨 있습니다. 말하자면 『천수경』이라는 바윗덩이 속에는 곳곳에 다이아몬드와 같은 값진 보석이 박혀 있는 것입니다.

발사홍서원發四弘誓願

중생무변서원도
衆生無邊誓願度

번뇌무진서원단
煩惱無盡誓願斷

법문무량서원학
法門無量誓願學

불도무상서원성
佛道無上誓願成

자성중생서원도
自性衆生誓願度

자성번뇌서원단
自性煩惱誓願斷

자성법문서원학
自性法門誓願學

자성불도서원성
自性佛道誓願成

이상은 법회가 끝나면 반드시 외우는 서원으로, 불자라면 누구나 잘 아는 내용입니다.

맨 처음의 **중생무변서원도**는 '중생이 끝이 없지만 맹세코 제도하기를 원합니다'라고 해석할 수 있습니다.

두 번째의 **번뇌무진서원단**은 '번뇌가 다함이 없지만 맹세코 끊기를 원합니다'라고 풀이할 수 있습니다.

세 번째의 **법문무량서원학**은 '법문이 한량없지만 맹세코 배우기를 원합니다'라는 뜻이 됩니다.

네 번째의 **불도무상서원성**은 '부처님의 도가 높고 높지만 맹세코 이루기를 원합니다'라고 해석할 수 있습니다.

계속해서 이어지는 나머지 네 구절은 앞의 네 가지 서원과 연결해서 우리가 곰곰이 생각해 보아야 할 내용을 담고 있습니다.

엄밀히 말하자면 불교공부란 이미 자신 속에 갖춰져 있는 자성自性을 일깨우고, 눈을 뜨는 데 궁극적인 목적이 있다고 할 수 있습니다. 그래서 자성을 찾는 일은 매우 중요한 일입니다. 우리가 법문을 듣고 불도를 닦기를 원하는 그 마음 자체가 바로 불도입니다. 법문하는 장소에 가서 법문을 듣는 일은 결국 거울 앞에서 자기 자신의 모습이 어떤가를 비춰 보고 자각하는 일이 되는 것입니다. 법문을 듣거나 경전을 통해서 자신 속에 있는 자성을 일깨울 수 있다면 그것보다 더 훌륭한 불교공부는 없을 것입니다.

아무리 훌륭한 선지식이 법문을 한다 해도 자기 마음 속에 담겨져 있는 자성 법문에 귀 기울일 줄 모르면 그것은 허사가 되고 마는 것입니다. 우리가 깨닫고자 하는 실체는 자기 자신의 본래 성품 속에 있기 때문입니다. 부처님이나 불보살님은 그런 길이 있다고 가르쳐 줄 뿐입니다.

그런 의미에서 볼 때 첫 번째의 **자성중생서원도**는 '자성 속에 있는 중생을 맹세코 제도하기를 원합니다'라는 뜻이 됩니다.

두 번째의 **자성번뇌서원단**은 '자성 속에 있는 번뇌를 맹세코 끊기를 원합니다'라는 뜻입니다.

세 번째의 **자성법문서원학**은 '자성 속에 있는 법문을 맹세코 배우기를 원합니다'라고 풀이할 수 있습니다.

네 번째의 **자성불도서원성**은 '자성 속에 있는 불도를 맹세코 이루기를 원합니다'라고 해석할 수 있습니다.

흔히 불교에서는 '중생이 곧 부처'라는 말을 합니다. 그래서 중생이 바로 부처이니 더 이상 아무것도 닦을 필요 없는 것처럼 잘 못 이해하는 수도 종종 있습니다. 그러나 중생이 곧 부처인 줄 안다면 반대로 부처인 중생은 맹세코 제도해야 합니다. 또 '번뇌 가 곧 보리'라는 말도 있지만 보리인 번뇌를 맹세코 끊어야 하는 것입니다.

이상으로 원願에 대한 내용을 모두 살펴보았는데, 불자로서 가장 올바르게 발원하는 마음가짐은 바로 우리 자신이 부처님이 나 관세음보살과 같은 인생이 되겠다고 맹세하는 것입니다. 사 람마다 누구나 원을 갖고 있습니다. 원은 희망이며, 기대이며, 포부입니다 그래서 원은 곧 생명력입니다. 인간에게 원이 없다 면 그 사람은 죽은 것과 같습니다. 늙음과 젊음도 나이로 나뉘는 것이 아니라 바로 원이 있느냐 없느냐에 따라 나뉩니다. 불교에 는 많은 가르침이 있지만 그 안에는 영원히 젊게 살 수 있는 비 결이 들어 있습니다. 불교는 항상 기대감을 갖고 살도록 가르치 고 있는 종교입니다.

지금 처해 있는 환경이 비록 어려울지라도 노력을 게을리하지 않는다면 내생에는 틀림없이 좋은 과보를 받을 것입니다. 그러 한 희망과 기대를 주는 것이 바로 불교입니다.

원력은 우리에게 의욕을 가져다 줍니다. 육체적 생명이 다할 때까지 순간순간 원력을 갖고 살아간다면 그 사람은 영원히 젊 음을 가지는 것입니다.

『천수경』 속에는 수없이 많은 원이 나옵니다. 그것은 바로 우 리 속에 내재된 생명력을 일깨우는 소리입니다. 지금 자신이 처한 곳에서 힘찬 생명력을 불러일으켜야 하는 것입니다.

발원이 귀명례삼보發願已 歸命禮三寶

「나 무 상 주 시 방 불
南無常住十方佛

나 무 상 주 시 방 법
南無常住十方法

나 무 상 주 시 방 승
南無常住十方僧」 (3번)

발원이 귀명례삼보에서 **발원이**는 관습적으로 염불로 외우지만 괄호 안에 넣어야 할 대목입니다. 그 뜻은 '발원을 마치고 삼보께 귀의하여 예배드립니다'라는 내용을 담고 있습니다.

첫 번째의 **나무상주시방불**은 '시방에 항상 계시는 부처님께 귀의하며 받듭니다'가 되고, 두 번째의 **나무상주시방법**은 '시방에 항상 있는 법에 귀의하며 받듭니다'가 되며, 세 번째의 **나무상주시방승**은 '시방에 항상 계시는 승가에 귀의하며 받듭니다'가 됩니다.

여기서 **상주**라는 뜻을 잘 새겨볼 필요가 있습니다. 요즘 세상에 부처가 어디 있느냐고 반문할지 모르지만 사실은 도처에 항상 부처님이 계시는 것입니다. 가까이는 가족 부처님, 이웃 부처님에서부터 멀리는 온 인류가 모두 부처님이라는 차원에서 귀의하고 받들어야 합니다.

법法 또한 특정한 장소에만 있는 것이 아닙니다. 눈을 열고 보면 곳곳에 스승이 있고, 곳곳에 배울 것이 널려 있습니다. 우리의 일상사 속에 불법은 낱낱이 스며 있는 것입니다.

정삼업진언淨三業眞言

「옴 사바바바 수다살바 달마 사바바바 수도함」
(3번)

여기서부터는 불공을 올릴 때만 외우는 부분으로 〈정삼업진언〉은 신身·구口·의意 삼업을 깨끗이 하는 진언입니다.

진언의 내용을 풀이해 보면, **옴**의 해석은 생략하기로 하고, **사바바바**는 '본성本性', **수다**는 '청정淸淨'이라는 뜻이며, **살바**는 '일체', **달마**는 '법法'이라는 뜻입니다 **수도**는 **수다**와 같은 것으로 '청정'이라는 뜻이며, **함**은 '자기 자신'이라는 뜻입니다.

그래서 **옴 사바바바 수다 살바 달마 사바바바 수도함**을 붙여서 뜻이 통하도록 해석해 보면, '옴! 본성이 청정한 일체법이여, 내 자성도 청정하여지이다'라고 풀이할 수 있습니다. 말하자면 이 세상 모든 법은 본성이 원래 청정하고 훌륭한 것이므로 자신 또한 이 법과 더불어 청정해지며, 그렇게 될 때 삼업도 깨끗하게 되는 것입니다.

개단진언開壇眞言

「옴 바아라 뇌로 다가다야 삼마야 바라베 사야
홈」(3번)

〈개단진언〉은 말 그대로 '제단을 여는 진언'입니다. **바아라**는
'금강金剛'의 뜻이며, **뇌로**는 '불'의 뜻이며, **다가다야**는 '큰 북'이
라는 뜻입니다. **삼마야**는 '시간'의 뜻이고, **바라베 사야**는 '두루
임하다'라는 뜻이며, **홈**은 '이구청정離垢清淨'의 뜻입니다.

그래서 **옴 바아라 뇌로 다가다야 삼마야 바라베 사야홈**을 연
결해서 풀이해 보면, '옴! 금강의 불길 같은 님이시여, 북이 울릴
때 두루 들어가리라'라는 뜻이 됩니다. 이 말은 예를 들어 우리가
법당에 들어가기 위해 법당 문을 열었을 때 거센 불길로 법회를
모두 태워 버리겠다는 다짐을 해야 하는 것을 의미하는 것과 같
습니다.

건단진언建壇眞言

「옴 난다난다 나지나지 난다바리 사바하」(3번)

〈건단진언〉은 '제단을 세우는 진언'으로, **난다**는 '환희의 신神'
이라는 뜻이며, **나지**는 '건단무녀신'의 뜻이고, **바리**는 '가지고
오소서'라는 뜻입니다. 그래서 **옴 난다난다 나지나지 난다바리
사바하**는 '환희신이여, 환희신이여, 단을 세우는 무녀신이여, 희
열의 낙원을 가지고 오소서'라고 해석할 수 있습니다. 이것은 불
단을 세워서 부처님과 보살들을 청해서 의식을 집행하려고 하니
기쁨과 환희로 분위기를 조성하는 것입니다.

정법계진언淨法界眞言

나 자 색 선 백　공 점 이 엄 지
羅字色鮮白　空點以嚴之

여 피 계 명 주　치 지 어 정 상
如彼髻明珠　置之於頂上

진 언 동 법 계　무 량 중 죄 제
眞言同法界　無量重罪除

일 체 촉 예 처　당 가 차 자 문
一切觸穢處　當加此字門

「나무 사만다 못다남 남」(3번)

〈정법계진언〉은 앞에서 한번 나온 것으로 여기서는 주위를 다
시 한번 청정하게 하는 의미에서 반복의 형식을 취한 것입니다.

그 풀이도 앞의 **옴 남**과 관련지어 해석해야 합니다.

첫째, 둘째 구절인 **나자색선백 공점이엄지**는 '나의 글자는 색이 곱고 흰데, 공의 점으로써 장엄했다'는 뜻입니다.

셋째, 넷째 구절인 **여피계명주 치지어정상**은 '글자 모양은 마치 상투 위에 둥근 구슬을 올린 것과 같으며 그것을 정상에 두었다'라고 해석할 수 있습니다. 이 네 구절은 범서의 글자 모양을 설명한 것입니다.

다섯째, 여섯째 구절인 **진언동법계 무량중죄제**는 '정법계진언은 법계와 같은데 그 진언은 한량없는 죄를 소멸케 한다'는 뜻이 됩니다.

일곱째, 여덟째 구절인 **일체촉예처 당가차자문**은 '일체의 더러운 곳에 닿을 때마다 마땅히 이 글자옴 남를 놓아두라'는 뜻이 됩니다.

끝으로 부처님께 귀의하는 구절인 **나무 사만다 못다남**은 '널리 두루 계시는 부처님께 귀의하며 받듭니다'라고 해석할 수 있으며, 맨 끝의 남은 보리문菩提門인 '불의 원소 종자'라는 뜻입니다.

이상으로『천수경』의 해설을 모두 마치게 되었습니다.

『천수경』독송의 목적은 우리 삶의 모든 현장에서 어둠과 두려움과 부정적인 것이 모두 사라져 늘 기쁨과 희망과 안녕과 평화가 내려지도록 하는 데에 있습니다. 단순히 경전을 해석하는 것에 그치지 말고 그 속에 숨은 뜻이 우리의 인생사 속에서 하나가 되어 삶에 유익한 보탬이 되어야겠습니다.

『천수경』은 관세음보살의 자비사상을 드러내는 가르침입니다. 관세음보살의 자비란 우리들이 마음 속에 본래 지니고 있는 아름다운 모습을 뜻합니다. 그리고 관세음보살의 자비로운 얼굴 역시 우리들 본래의 얼굴이고 모든 사람의 참모습입니다.

우리가 『천수경』을 통해 공부하거나 관세음보살의 기도를 하는 뜻은 우리의 본래 모습인 자비로운 관세음보살의 얼굴을 회복하자는 운동으로 이해되어야 할 것입니다. 그래서 우리의 모든 삶의 현장에서 관세음보살과 같은 아름답고 자비로운 얼굴을 나투어야 할 것입니다. 또 아름다운 얼굴을 통해서 표현되는 관세음보살의 자비는 모든 사람들의 일상적인 마음 씀씀이여야 할 것입니다.

『천수경』을 통해서 관세음보살의 자비를 바로 이해하고 실천하는 그런 계기가 되었으면 하는 마음입니다. 『천수경』을 공부한 이 인연으로 오늘을 살아가는 우리들 삶의 현장이 관세음보살의 자비가 흘러넘치는 아름다운 불국토가 되기를 기원합니다.

모두 성불하십시오.

부 록

천 수 경

정 구 업 진 언
淨口業眞言

수리 수리 마하수리 수수리 사바하 (3번)

오 방 내 외 안 위 제 신 진 언
五方內外 安慰諸神眞言

나무 사만다 못다남 옴 도로도로 지미 사바하 (3번)

개 경 게
開經偈

무 상 심 심 미 묘 법 백 천 만 겁 난 조 우 아 금 문 견 득 수 지
無上甚深微妙法 百千萬劫難遭遇 我今聞見得受持

원 해 여 래 진 실 의
願解如來眞實意

開法藏眞言

옴 아라남 아라다 (3번)

천 수 천 안　관 자 재 보 살　광 대 원 만　무 애 대 비 심
千手千眼 觀自在菩薩 廣大圓滿 無碍大悲心

대 다 라 니　계 청
大陀羅尼 啓請

계 수 관 음 대 비 주　원 력 홍 심 상 호 신　천 비 장 엄 보 호 지
稽首觀音大悲呪 願力弘深相好身 千臂莊嚴普護持

천 안 광 명 변 관 조　진 실 어 중 선 밀 어　무 위 심 내 기 비 심
千眼光明遍觀照 眞實語中宣密語 無爲心內起悲心

속 령 만 족 제 희 구　영 사 멸 제 제 죄 업　천 룡 중 성 동 자 호
速令滿足諸希求 永使滅除諸罪業 天龍衆聖同慈護

백 천 삼 매 돈 훈 수　수 지 신 시 광 명 당　수 지 심 시 신 통 장
百千三昧頓熏修 受持身是光明幢 受持心是神通藏

세 척 진 로 원 제 해　초 증 보 리 방 편 문　아 금 칭 송 서 귀 의
洗滌塵勞願濟海 超證菩提方便門 我今稱誦誓歸依

소 원 종 심 실 원 만　나 무 대 비 관 세 음　원 아 속 지 일 체 법
所願從心悉圓滿 南無大悲觀世音 願我速知一切法

나 무 대 비 관 세 음　원 아 조 득 지 혜 안　나 무 대 비 관 세 음
南無大悲觀世音 願我早得智慧眼 南無大悲觀世音

원아속도일체중　나무대비관세음　원아조득선방편
願我速度一切衆　南無大悲觀世音　願我早得善方便

나무대비관세음　원아속승반야선　나무대비관세음
南無大悲觀世音　願我速乘般若船　南無大悲觀世音

원아조득월고해　나무대비관세음　원아속득계정도
願我早得越苦海　南無大悲觀世音　願我速得戒定道

나무대비관세음　원아조등원적산　나무대비관세음
南無大悲觀世音　願我早登圓寂山　南無大悲觀世音

원아속회무위사　나무대비관세음　원아조동법성신
願我速會無爲舍　南無大悲觀世音　願我早同法性身

아약향도산　도산자최절　아약향화탕　화탕자소멸
我若向刀山　刀山自摧折　我若向火湯　火湯自消滅

아약향지옥　지옥자고갈　아약향아귀　아귀자포만
我若向地獄　地獄自枯渴　我若向餓鬼　餓鬼自飽滿

아약향수라　악심자조복　아약향축생　자득대지혜
我若向修羅　惡心自調伏　我若向畜生　自得大智慧

나무관세음보살마하살
南無觀世音菩薩摩訶薩

나무대세지보살마하살
南無大勢至菩薩摩訶薩

나무천수보살마하살
南無千手菩薩摩訶薩

나 무 여 의 륜 보 살 마 하 살
南無如意輪菩薩摩訶薩

나 무 대 륜 보 살 마 하 살
南無大輪菩薩摩訶薩

나 무 관 자 재 보 살 마 하 살
南無觀自在菩薩摩訶薩

나 무 정 취 보 살 마 하 살
南無正趣菩薩摩訶薩

나 무 만 월 보 살 마 하 살
南無滿月菩薩摩訶薩

나 무 수 월 보 살 마 하 살
南無水月菩薩摩訶薩

나 무 군 다 리 보 살 마 하 살
南無軍茶利菩薩摩訶薩

나 무 십 일 면 보 살 마 하 살
南無十一面菩薩摩訶薩

나 무 제 대 보 살 마 하 살
南無諸大菩薩摩訶薩

나 무 본 사 아 미 타 불
南無本師阿彌陀佛 (3번)

나모라 다나다라 야야 나막알약 바로기제 새바라야
모지 사다바야 마하 사다바야 마하가로 니가야 옴
살바 바예수 다라나 가라야 다사명 나막까리 다바
이맘알야 바로기제 새바라 다바 니라간타 나막하리
나야 마발다 이사미 살발타 사다남 수반 아예염 살
바 보다남 바바말아 미수다감 다냐타 옴 아로게 아
로가 마지로가 지가란제 혜혜하례 마하모지 사다바
사마라 사마라 하리나야 구로구로 갈마 사다야 사
다야 도로도로 미연제 마하 미연제 다라다라 다린
나례 새바라 자라자라 마라미마라 아마라 몰제 예
혜혜 로계 새바라 라아미사미 나사야 나베 사미사
미 나사야 모하자라 미사미 나사야 호로호로 마라
호로 하례 바나마 나바 사라사라 시리시리 소로소
로 못쟈못쟈 모다야 모다야 매다리야 니라간타 가
마사 날사남 바라하라나야 마낙 사바하 싯다야 사
바하 마하싯다야 사바하 싯다유예 새바라야 사바하
니라간타야 사바하 바라하 목카싱하 목카야 사바하
바나마 하따야 사바하 자가라 욕다야 사바하 상카
섭나녜 모다나야 사바하 마하라 구타다라야 사바하
바마사간타 이사시체다 가릿나 이나야 사바하 먀가

라잘마 이바사나야 사바하
「나모라 다나다라 야야 나막알야 바로기제 새바라
야 사바하」(3번)

사 방 찬
四方讚

일쇄동방결도량　이쇄남방득청량　삼쇄서방구정토
一灑東方潔道場　二灑南方得淸凉　三灑西方俱淨土

사 쇄 북 방 영 안 강
四灑北方永安康

도 량 찬
道場讚

도 량 청 정 무 하 예　삼 보 천 룡 강 차 지　아 금 지 송 묘 진 언
道場淸淨無瑕穢　三寶天龍降此地　我今持頌妙眞言

원 사 자 비 밀 가 호
願賜慈悲密加護

참회게
懺悔偈

아 석 소 조 제 악 업 개 유 무 시 탐 진 치 종 신 구 의 지 소 생
我昔所造諸惡業 皆由無始貪瞋癡 從身口意之所生

일 체 아 금 개 참 회
一切我今皆懺悔

참 제 업 장 십 이 존 불
懺除業障 十二尊佛

나 무 참 제 업 장 보 승 장 불 보 광 왕 화 염 조 불
南無懺除業障寶勝藏佛 寶光王火燄照佛

일 체 향 화 자 재 력 왕 불 백 억 항 하 사 결 정 불 진 위 덕 불
一切香華自在力王佛 白億恒河沙決定佛 振威德佛

금 강 견 강 소 복 괴 산 불 보 광 월 전 묘 음 존 왕 불
金剛堅强消伏壞散佛 普光月殿妙音尊王佛

환 희 장 마 니 보 적 불 무 진 향 승 왕 불 사 자 월 불
歡喜藏摩尼寶積佛 無盡香勝王佛 獅子月佛

환 희 장 엄 주 왕 불 제 보 당 마 니 승 광 불
歡喜莊嚴珠王佛 帝寶幢摩尼勝光佛

십악참회
十惡懺悔

살생중죄금일참회　투도중죄금일참회
殺生重罪今日懺悔　偸盜重罪今日懺悔

사음중죄금일참회　망어중죄금일참회
邪淫重罪今日懺悔　妄語重罪今日懺悔

기어중죄금일참회　양설중죄금일참회
綺語重罪今日懺悔　兩舌重罪今日懺悔

악구중죄금일참회　탐애중죄금일참회
惡口重罪今日懺悔　貪愛重罪今日懺悔

진에중죄금일참회　치암중죄금일참회
瞋恚重罪今日懺悔　癡暗重罪今日懺悔

백겁적집죄　일념돈탕제　여화분고초　멸진무유여
百劫積集罪　一念頓蕩除　如火焚枯草　滅盡無有餘

죄무자성종심기　심약멸시죄역망　죄망심멸양구공
罪無自性從心起　心若滅時罪亦亡　罪亡心滅兩俱空

시즉명위진참회
是則名爲眞懺悔

懺悔眞言

옴 살바 못자 모지 사다야 사바하 (3번)

준제공덕취	적정심상송	일체제대난	무능침시인
准提功德聚	寂靜心常誦	一切諸大難	無能侵是人

천상급인간	수복여불등	우차여의주	정획무등등
天上及人間	受福如佛等	遇此如意珠	定獲無等等

나무 칠구지 불모 대준제보살
南無 七俱胝 佛母 大准提菩薩 (3번)

정법계진언
淨法界眞言

옴 남 (3번)

호신진언
護身眞言

옴 치림 (3번)

관세음보살 본심미묘 육자대명왕진언
觀世音菩薩 本心徵妙 六字大明王眞言

옴 마니 반메 훔 (3번)

준제진언
准提眞言

나무 사다남 삼먁삼못다 구치남 다냐타
「옴 자례주례 준제 사바하 부림」(3번)

아금지송 대준제 즉발보리광대원 원아정혜속원명
我今持誦大准提 卽發菩提廣大願 願我定慧速圓明

원아공덕개성취
願我功德皆成就

원아승복변장엄 원공중생성불도
願我勝福遍莊嚴 願共衆生成佛道

여래십대발원문
如來十大發願文

원아영리삼악도 원아속단탐진치 원아상문불법승
願我永離三惡道 願我速斷貪瞋癡 願我常聞佛法僧

원아근수계정혜　원아항수제불학　원아불퇴보리심
願我勤修戒定慧　願我恒隨諸佛學　願我不退菩提心

원아결정생안양　원아속견아미타　원아분신변진찰
願我決定生安養　願我速見阿彌陀　願我分身遍塵刹

원아광도제중생
願我廣度諸衆生

발사홍서원
發四弘誓願

중생무변서원도　번뇌무진서원단　법문무량서원학
衆生無邊誓願度　煩惱無盡誓願斷　法門無量誓願學

불도무상서원성　자성중생서원도　자성번뇌서원단
佛道無上誓願成　自性衆生誓願度　自性煩惱誓願斷

자성법문서원학　자성불도서원성
自性法門誓願學　自性佛道誓願成

발원이　귀명례삼보
發願已　歸命禮三寶

나무상주시방불　나무상주시방법　나무상주시방승
南無常住十方佛　南無常住十方法　南無常住十方僧

정삼업진언
淨三業眞言

옴 사바바바 수다살바 달마 사바바바 수도함 (3번)

개단진언
開壇眞言

옴 바아라 뇨로 다가다야 삼마야 바라베 사야훔 (3번)

건단진언
建壇眞言

옴 난다난다 나지나지 난다바리 사바하 (3번)

정법계진언
淨法界眞言

나자색선백 공점이엄지 여피계명주 치지어정상
羅字色鮮白 空點以嚴之 如彼髻明珠 置之於頂上

진언동법계 무량중죄제 일체촉예처 당가차자문
眞言同法界 無量重罪除 一切觸穢處 當加此字門

나무 사만다 못다남 남 (3번)

무비 스님의 천수경

초판 1쇄 펴냄 2005년 9월 15일
3판 9쇄 펴냄 2024년 10월 30일

강　　설 | 　무비 스님
발 행 인 | 　원명

펴 낸 곳 | 　(주)조계종출판사
　　　　　　출판등록 | 제2007-000078호(2007.04.27.)
　　　　　　주　　　소 | 서울시 종로구 삼봉로 81 두산위브파빌리온 1308호
　　　　　　전　　　화 | 02-720-6107
　　　　　　팩　　　스 | 02-733-6708
　　　　　　구입문의 | 불교전문서점 향전(www.jbbook.co.kr) 02-2031-2070

ⓒ 무비 스님, 2005

ISBN 979-11-5580-002-7 03220